着物の国のはてな

片野ゆか

集英社文庫

はじめに

着物の国——
そこは、複雑怪奇なルールに満ちたパラレルワールドだった！

着物と聞いて、皆さんは何を思い浮かべるだろうか。

私が真っ先に連想したのは、整然と立ち並ぶハードルだった。それは伝統文化を背景にした独特な道に沿って延々と続いている、ルールという名のハードルだ。

着物の国は、とにかく約束事が多い。だから着物を着るというのは、その意味や理由をひとつずつ理解しながら前進する、一筋の道のようなものだと思っていた。堅苦しくて面倒そうで、まわりに渦巻く保守的な空気も苦手だった。だからこれまで、ずっと着物とは距離を置いて生きてきた。

でも、あるときふと思いついた。着物をワードローブのひとつとして、取り入れられないだろうか？

理由は単純で、洋服オンリーの生活に飽きたからだ。すさまじい勢いでファッションへのワクワク感が減少していることを自覚したのは、アラフィフにさしかかった頃のことだろうか。可能な範囲で、その時々の流行を取り入れているつもりだったものの、新鮮な気分にひたれることはめったになかった。

一方、着物は、形状、色柄ともに洋服とはまったく違っていた。特にアンティーク着物と呼ばれるものは、異国の地で掘り出しものに遭遇したときに似た興奮を覚えた。

着物は高価なものだとばかり思っていたが、今どきは、リサイクルショップやアンティークショップを利用すれば、限られた予算でも着物ライフをスタートできるのも魅力だった。ためしに着付け教室について検索してみると、着物は難しいものではない、気軽に楽しめるものなのだ、という敷居の低い言葉がたくさん並んでいた。

そういうことなら、着物でもかじってみようか。

そんな軽いノリで着物の国に足を踏み入れてみたものの、困ったのは調べものがいっこうに進まないことだった。

たとえば、この着物と帯は、組み合わせとしてアリなのか？　そんな疑問を解消しようと、本や雑誌をチェックしたり、インターネットを検索したりするのだが、むしろ謎は深まるばかり。私が抱く疑問に対して、はたして答えがあるのか無いのか、それさえ判然としない。かといって、細かいことは気にしなくてもいい、と背中を押してくれる情報もない。

その一方で「この国には数多くの正解があります。なぜなら、それが昔からの決まり事であり伝統だから」という、天の声らしきものが聞こえてくる。

どうやらこの国の現実は、予想していたものとかなり違うようだ。着物は難しくないので気軽に楽しみましょう！　というフレンドリーなムードは、いったいどこにいってしまったのだろう。それともあれは、「本日は無礼講」みたいなもので、言葉そのままを鵜呑《うの》みにした私が悪かったのだろうか。

もっとも戸惑ったのは、なぜそれが正解なのか説明される気配がまったくないところだった。校則じゃあるまいし、正解に理由がないとはどういうことなのだろう。歴史とルールを重視するのなら、成り立ちの経緯や理由、誰が決めたことなのか、責任の所在くらい示してほしい。そんなことをイチイチ考えてしまうのは、私がノンフィクションの執筆を生業《なりわい》にしているからなのだろうか。

さらに困ったのは、膨大かつ独特のルールがあると称《とな》えながら、それらを体系的に理解する仕組みもなさそうなことだった。正解ひとつを丸覚えするやり方というのは、応用がきかないのですごく効率が悪い。不慣れな衣服を気軽に扱えるようにするためにも、まずは全体をザックリと把握したいと思っているのに、なぜ着物の国はこうも見通しが悪いのだろう。

地図も持たずに旅するような心持ちで、私はすっかり途方に暮れてしまった。

そこで考えたのは、そもそも伝統文化とは何なのだろう、ということだった。

先人の知恵や経験を学んだり、昔からあるものを大切にしたり、独特な技術を後世に伝えるといった行為は、とても素晴らしいことだと思う。

しかし、着物とワンセットで語られるときは、伝統文化という言葉が便利な印籠になっているような気がしてならない。なにしろこの言葉には、絶大な威力と重みがある。そのためルールを丸ごと受け入れるのが当然で、むしろ疑問を持つことは愚かな行為という気分になりやすい。

つまりこれは、思考停止の世界だ。

こうしたことは着物に限ったことではなくて、長年にわたり常識や不動の事実と信じられていたことが、調べてみると実は意外とそうではなかった、ということもめずらしくない。

着物をかじりはじめてからというもの、モヤモヤは増す一方。なかでも驚いたのは、他人の着付けやコーディネートに意見する〝着物警察〟の存在だった。これは一部の自称着物歴が長い人々の行為らしいが、着物の国ではなぜそんなことがまかり通ってしまうのだろう。ほかにも、呉服屋の敷居はなぜ果てしなく高いのか、どうして着物や帯の値段は異常にわかりにくいのか、無料着付け教室はどこで利益を得ているのか、着付けのルールの基準はどこにあるのか、着物の格は誰が決めたのか――など、気づくと頭のなかは、着物の国にまつわる疑問でいっぱいになっていた。

整然とハードルが並ぶ一筋の道なんて、まったくもって甘かった。着物の国は、複雑怪奇なルールに満ちたパラレルワールドだったのだ。

これらの謎を解明して、心の底からスッキリしたいという思いは高まるばかり。なにしろこのままでは、着物を気軽にワードローブとして楽しんでいいのか悪いのか、それさえもわからない。

こうなったら自分で調べてみるしかない。あまりに複雑怪奇な世界なので、どこまで真実にたどりつけるかまったく予想できないのだけれど……。

こうして着物の国の謎をめぐる、探訪の旅がはじまった。

Contents

着物の国のはてな

第1章
やっぱりキモノは遠かった！

着物を着るとなぜ老けるのか?

鏡のなかに〝親戚のおばちゃん〟がいる

日本人なら、誰でも着物が似合う――。

この国に暮らしていると、そんな言葉をときおり耳にすることがある。誰かに優しく背中を押されるような言いまわしは、あわただしい日常生活をおくる現代人をゆるやかに伝統文化の世界にいざなうという点で、最強のキャッチコピーのひとつといってもいいだろう。

しかし、私は着物に対して、かねてから一抹の抵抗感を持ち続けていた。着るのも動くのもなにかと大変で、それでも絶対にステキに見えるのならいいけれど、かならずしもそうではないこともあるからだ。

その思いを特に強くしたのは、二十代も終盤にさしかかった頃のこと。今後、着物を着るとなったら、年齢を重ねるごとにクリアな色味は選択できなくなると気づいたのだ。赤やオレンジ、黄色、グリーンなど、洋服であればあたりまえのように身につけているブライトカラーが、着物の国では「なんだか派手ね」でかたづけられてしまう。元気の出そうな色味が、あきらかに否定されることを知って、軽い絶望感を覚えた。

また、軽やかなピンクや爽やかなブルーが似合う新婚の友人が、姑《しゅうとめ》が選んだというくすんだ色の着物を身につけているのもショックだった。二十代の彼女は、普段はとてもかわいらしいのに、着物姿はどこから見てもおばさんだったのだ。

着物の国では、どうやら娘とおばさんの存在しか認められていないらしい。そう気づいたとき、この界隈《かいわい》には絶対に近づくまい！　と強く思った。

しかし、あれから数十年。私も、リアルにおばさんと呼ばれる年齢になった。

着物をサラッと着られたらカッコイイと思いついたのは、粋な着物姿でビールジョッキをかたむける友人の影響もあるけれど、そろそろ洋服限定のワードローブに飽きてきたという想いが強かった。

思い浮かんだのは、母の着物だった。

十年前に遺品として譲りうけたときはまるで興味がわかず、狭いマンションでは置き場もなく、かといって処分することもできずに困っていたら、夫の母が預かってくれることになり、以来そのままにしていたのだ。

そこで義母に連絡して、数枚の着物と帯を選んで持ち帰らせてもらった。

着物を広げたら、ためしに羽織ってみたくなった。今はインターネットであらゆる情報が出てくる時代だ。着付けの方法を紹介する動画サイトを頼りに、襦袢《じゅばん》と着物を身につけ帯を結んでみた。

難しいイメージがあったけれど、やってみると意外となんとかなってしまうものだ。この私が着物かぁ……！　そう思うと意外なほど新鮮で、ちょっとだけ気分が浮き立った。あらためて鏡の前に立って、両手を斜め下にピンと伸ばしたペンギンみたいなポーズで、その場でテケテケと一周してみた。しかし、さすがに見慣れないというか、自分ではないような気がした。

この違和感はなんだろう。着物らしくない動きのせいなのかもしれないと、今度はきちんと膝を揃《そろ》えて座ってみたものの、それもまたイマイチな感じだった。

それどころか、かなりの残念感が漂っている。着付けがテキトーなのを差し引いても、全体の印象はモッタリと覇気がない。

夫も同じ意見のようだ。

「大掃除の手伝いに来た、親戚のおばちゃんにしか見えない」

日本人男性のなかには、妻の見慣れない服装に幼稚な軽口しか言わないタイプが少なからずいるが、夫はわりと良いものは良いと率直に意見する。だが着物は、一刀両断だった。

「長所がまるでいかされてない。洋服だと姿勢がいいのに、着物はズングリむっくりで、

すごく老けて見える。なんでそうなる？」

さあ、なぜでしょう……。

理由はサッパリわからないが、鏡のなかの自分は、はっきり言ってバ◯アだった。ヒュルルン、と気分が音を立ててしぼむ。二十代の友人が四十歳近くに見えたのと同じように、五十代の私はどこから見てもやつれた老婆。着る物一枚で、こんなにも老けこんでしまうことに驚くと同時に、着物の持つ〝老けパワー〟に圧倒されるばかりだった。

日本人なら誰でも着物が似合う、というのはやはり幻想なのだ。

浴衣は似合うのに、なぜ着物はダメなのか

やっぱり着物、やめるか……！

そんな想いが、私のなかでムクムクと大きくなっていった。手持ちの着物や帯を利用するとはいえ、小物類を揃えたり、着付けを習ったりすれば、それなりにお金や時間を費やすことになる。その結果が、ズングリむっくりの親戚のおばちゃんでは、あまりに割に合わない。

着物が似合わないのなら、それはそれでいい。金輪際、着物と無関係に過ごせばいいだけの話だ。自分が生まれた国の民族衣装が似合わないからといって、現代社会に生き

ていて困ることなど一ミリもない。

だがひとつだけ、腑《ふ》に落ちないことがあった。

もう十年近くも袖を通していなかったが、浴衣は自分でもそれなりに納得のいく着姿になった。着付けは我流だが、「スッキリした印象で、いいね」と性別や年齢にかかわらずわりと好評だったのだ。

着物も浴衣も形状は同じはずなのに、なぜ着物はダメなのか？

考えるほどに、ますますわからなくなった。やがて、着物と決別するのは、その理由を追求してからでもいいのではないか、という気持ちになってきた。

しかし、誰に何を訊《き》けばいいのだろう。

友人や知人に相談したところで、面と向かって似合わないとは口にしにくいだろう。そう言ってくれる友人もいなくはないが、その理由まで特定するのは難しいと思った。洋服、着物にかかわらず、個別にファッションの法則を見いだすとなれば専門知識が必要だからだ。

とはいえ呉服屋の店員や着付け講師など、着物の国のプロフェッショナルに疑問をぶつけるのは、どうにも気が進まなかった。私のような知識ゼロのド素人がノコノコと出かけて行ってそんなことを口にすれば、カモネギ状態確実だ。「似合う着物がある」「似合う着付けがある」と総力をあげて持ち上げられ、根本的な疑問解消からは遠のくばかりだろう。

老けパワーの原因を「Yahoo!知恵袋」に訊く

私が求めているのは、遠慮やお世辞とは無縁で、ある程度は着物のことを知っている人の意見だった。そんな条件を満たすところはないものか？　ふと思いついたのは「Yahoo!知恵袋」だった。ご存じの方も多いと思うが、これはインターネットサイトYahoo!が運営するコンテンツのひとつで、わからないことを質問形式で書き込むと、それを読んだ誰かが答えてくれるコミュニティサービスだ。

利用するにはYahoo!のアカウントを取得しなければならないが、質問者と回答者ともに名前を匿名や非公開にすることができる。そのため情報の玉石混交感は否めないが、なかには秀逸な回答がSNSなどで話題になることもあり、私も何度か目を通したことがあった。

だが自分で利用したことは、これまで一度もない。ためしに似たような質問者がいないか検索してみたが、出てくるのは着付けやコーディネートに関するものばかりだった。

やはりこの疑問は、自分で投げてみるしかなさそうだ。なぜ着物が似合わないのか？　なんとなくだが、その原因は私の体型にあるような気がした。

身長は百六十二センチ、痩せ型だが骨格はしっかりした感じでいかり肩。首は細めだが短く、肌の色は黄味が強い。

普段の服装は、カッチリしたコンサバ系のものは皆無で、抜け感のあるラフな組み合わせがメイン。優しげな色より、原色やハッキリした色合わせがシックリくる。大好物はターコイズブルーだ。

そんなプロフィールとともに、着物が似合わない理由を尋ねる書き込みを投稿した。こんなパーソナルすぎる質問に、答えてくれる人などいるのだろうかと心配になったが、最終的には七名もの人から回答が寄せられた。

体型や肌の色が私と同じタイプで、何年も前から着物ライフを楽しんでいるという人のほか、多くの人の着付けに携わったキャリアのあるプロフェッショナルと思われる人もいた。

なにより驚いたのは、皆さんがとても親身なことだった。回答に対して、いくつか追加の質問をしたのだが、迅速かつわかりやすい返答とともに、参考になりそうなサイトや図を添付してくれる。見ず知らずの他人に、なぜそこまで親切なのだろう。着物に対する愛情ゆえ、ということなのだろうか。

そんな温かな想いとともに集まった意見を総合すると、私のダメポイントが浮上してきた。あきらかなのは主に、①衿元《えりもと》の着付け、②着物の色柄選び、の二点だ。

首が短い人は、少しでも衿元がつまった着付けをすると、確実にズングリむっくりになり、老け効果に絶大な威力を発揮してしまうという。舞妓《まいこ》さんのように多めに衿を抜くだけでなく、衿が立たないよう肩の上にペタリと沿わせて着付けることが重要らしい。

着物の色柄についても、回答者の意見は一致していた。

コンサバ系の服が苦手、骨格がしっかりしたタイプのいかり肩、黄味の強い肌という条件を考えると、優しい色やくすんだ色味、細かい花模様などの着物は似合わないと指摘された。質問の投稿時、母の着物がどんなものかは記載しなかったのだが、実際みごとにそのとおりで驚いた。

ある回答者による「お母様の着物はおとなしい正統派で、貴方《あなた》のお姿にとってはつまらないのかもしれない。体が着物を拒否しているのでは」という書き込みは、私が長年抱いてきた着物へのモヤモヤがみごとに言語化されていて、思わず唸《うな》ってしまった。

浴衣は違和感ナシな理由も明確だった。カチッとした着物にくらべて、浴衣はカジュアルで大胆な色柄のものが多く、いかり肩タイプは粋に着こなすことができるという。

つまり着物もカジュアルで粋な路線を選べばいいというわけで、具体的には、ハッキリした縦縞《たてじま》や、大胆な色柄のアンティーク着物、デニム着物などをおすすめされた。母の遺した箪笥《たんす》にはないものばかりで、着物にこんなに多くの種類があることを初めて知った。

思えば母は、色白なで肩で、体型的には私とまったく違うタイプだった。

世の中には、二種類の着物がある。それは自分に似合う着物と、似合わない着物だ。家族や親族の着物を受け継ぐのはよく聞く話だが、あるものをそのまま着ればいいというわけではない。着物で老けないため、つまりステキに見えるためには、自分に似合う着物を選ばなければならないことがわかったのだ。

でも洋服におきかえれば、あたりまえすぎる話だ。ある程度の年齢になれば、好みに合わない、似合わないものに袖を通そうとは思わなくなる。

だが着物はあまりに知識や情報がなさすぎて、自分が何を着たいのかもよくわからない。そんなときの、日本人なら誰でも着物が似合う！　という言葉は、思わぬ落とし穴といっていいだろう。

秘伝のVゾーンテクを習得

着物の国の落とし穴に少しだけ気づいた私は、着付け教室を探すことにした。

自分の体型に合う着付けをするということは、つまりオリジナルの要素が必要なわけで、そのためには基本をきちんと習う必要があると思ったのだ。なにしろスタートがズングリむっくりの親戚のおばちゃんなので、プロの太鼓判でもなければ外を歩くなどとてもじゃないができそうになかった。

着付け教室の情報を集めるのは、さほど大変ではない。インターネットで着付けの方法を検索したり、着物について質問を書き込んでいたら、雪崩のごとく広告が入りはじめたのだ。

なかには、受講料が無料とうたうところもある。サイトを覗《のぞ》いてみると、どうやら自宅近くにも教室があるようで、本当に無料なのかはわからなかったが、通うには便利そうだと思った。レッスンは全十二回で三か月。しかし、曜日と時間が固定されているのがネックだった。時間の自由がきくフリーランスだが、スケジュールは臨機応変イレギュラーが日常なので、三か月間にわたり絶対にオフという日を確定するのは難しい。一回でも休むと、ついていくのはきついというニュアンスの注意書きもあり、私にはとても無理そうだった。

ほかの教室のサイトもチェックしたが、いずれも一コースが全十回前後でけっこうな長丁場だ。一回の講義が六十~九十分で合計十~十五時間。こんなに通わないと自分で着られるようにならないのか。

やはり着物は大変だ。

それならギュギュッと内容と時間を濃縮した個人レッスンはないだろうか。そう考えて検索してみると、あるアンティーク着物ショップのサイトがヒットした。短期習得コース二時間×三回で、まったくの未経験でも着物が着られるようになるという。

ショップのオーナーは、成人式や卒業式の着付けのほかに、CMやグラビア撮影の着付けやコーディネートもしているらしい。凛《りん》とした蒼井優《あおいゆう》からアバンギャルドな木村カエラまで、ずいぶんと振り幅が大きい。

レッスン料は驚くほどリーズナブルで、時給換算すると心配になるほど。しかも必要なものは、すべて無料で貸し出し可能だという。

コースに申し込みたいと連絡すると「まず一回やってみて、様子を見ながらその後の日程などを決めましょう」という返事。フレキシブルなこの感じ、フリーランスには嬉しいかぎりだ。

『着縁《きえん》』という名前のその店は、下北沢駅から徒歩三分ほどのところにあった。古いアパートメントを丸ごと改装したという店内は、モダンなアンティーク家具と赤と黒で構成されたスタイリッシュな空間だった。

オーナーの小田嶋舞《おだしままい》さんは、肌のツヤっとしたかわいらしい女性だった。私より圧倒的に若いが、ハイセンスなショップを切り盛りしているだけあって女将《おかみ》の風格も持ち合わせている。

「お待ちしていました。こちらへどうぞ」

着物や帯がズラリと並ぶ店の奥には、いい感じの小上がりが設《しつら》えられていた。

さっそくレッスン開始だ。まずは襦袢の着付けを練習する。

「襦袢は、建物の土台のようなもの。着物を着るうえで一番大切なんです」

舞さんの説明は簡潔だった。着付けを習うというと着物に意識がいきがちだが、実は襦袢こそが重要なのだという。これがピシリと決まらなければ、着物をきれいに着ることは絶対にできないのだ。

ポイントになるのは衿元で、後ろに抜いた衣紋《えもん》（衿）が前に戻らないようにキープすることが重要だ。「Ｙａｈｏｏ！知恵袋」でも指摘されたように、衿が抜けていないのはズングリむっくり＝老けパワーを増強させる原因のひとつになる。

着るときのコツは、衿の位置を決めたら絶対に襦袢を前に引っ張らないことだ。これを読んでいる方は、なんだそんなことかと思うかもしれないが、洋服を着慣れた現代人には、これが思いのほか難しい。首の後ろに衿をピタリとつけるシャツやジャケットを着るときの動作が、無意識に出てしまう。自分ではやっていないつもりでも、襦袢を持つ手が後ろから前へ、上から下へと動くので、首の後ろにキープした空間がみるみる消滅してしまう。

着物で老けないためには、洋服とまったく逆の動作を身につけなければならないのだ。

だがポイントは、それだけではなかった。

「もうひとつ重要なのは、衿合わせの角度です。昔は、衿元をつめるのは若い人だけで、

年齢に応じて衿元を開ける着方が主流だったけれど、今はそれをやると実年齢より老けて見えてしまうの」

舞さんは、説明を続けながら自身の衿元に手をやった。

「こうすると、老けてやつれて見えるでしょう」

衿元を下に引いてV字の角度を鋭角にすると、たしかにちょっと疲れた印象になる。心なしか顔色も悪くなったような気がした。

「つぎはコレ。くらべて見て」

舞さんは、襦袢の衿を喉のくぼみが見えない位置まで上げて、V字の角度を鈍角にした。

「わ！　舞さん、かわいい！」

私は、思わず声をあげた。衿元を変えた瞬間、肌はツヤっと、目はキラっと輝いて、ものすごく顔がイキイキとして見えた。年齢も十歳以上若くなった印象だ。

「着物って落ち着いて見えやすいし、洋服より生地面積が広いからインパクトも大きい。ちゃんと工夫しないと、老けて見えちゃうのよ」

おお！　これぞ着物の老けパワーを撃退する秘伝。これで親戚のおばちゃんから卒業できる。

舞さんによると、似合う衿元というのは個人によって違うという。

「ゆかさんの場合は、こんな感じ」

そう言って衿元を整えてくれた。

ポイントは主に、①V字の先端は喉のくぼみが隠れる高さ、②衿の角度は可能なかぎり鈍角、③衿を肩に沿わせて立たせない、④正面から見たときに首の付け根と衿のあいだに空間ができるようにする、ことだという。

特に私のような面長な顔型タイプにとって②は厳守で、衿合わせは可能なかぎり水平をめざすのが正解だ。衿元のV字が深いと、特にやつれて老けこんだ印象になる。

記憶の糸をたどると、自己流で着付けた母の着物の衿元は、喉のくぼみだけでなく、その下まで盛大にさらされていた。あれでは老婆になって当然だ。

そして今、鏡のなかにいるのは、洋服のときの見た目年齢とさほど違わない自分だった。忘れないように、スマートフォンで撮影した。あとは反復練習あるのみだ。立ちはだかる謎のひとつが氷解して、着物の国が少しだけ身近になった瞬間だった。

似合う着物の見つけ方

着物の国は、〝粋vs.はんなり〟でできていた

親戚のおばちゃんに変身した理由と、そこから脱却する方法がわかり、私はようやく着物そのものについて考える余裕ができた。具体的には、どんな着物を選ぶのかということだ。

「Ｙａｈｏｏ！知恵袋」の皆さんが教えてくれた、ハッキリした縦縞の着物や華やかな色柄のアンティーク着物、デニム着物などをインターネットで見てみると、どれも心躍るものがあった。着物の知識がゼロなのはもとより、着物の国のイメージのすべてが昭和の時代で停滞していたので、これはかなり嬉しい発見だった。

未知の宝探し的な楽しみがあるとわかると、モチベーションは俄然《がぜん》あがる。ワクワクしながら、リサイクルショップやアンティークショップに出かけてみた。しかし、いざ店内に入っても何をどこから見たらいいのかサッパリわからない。

そこに並ぶ着物たちは、初めて目にする海外の民族衣装とほとんど変わらなかった。

好ましくめずらしいものだけれど、自分が着ることを想定して選ぶとなればまた別の話。私の着物ライフは、着物が似合わないところからスタートしているため成功体験がない。完成図をイメージできないので、どちらの方向に進んだらいいのか見当もつかないのだ。

　あらためて悟ったのは、数あるショップのなかから一枚を選ぶことは、大海から獲物を釣り上げるようなものだということだった。自分の欲しいものがわからなければ、獲物がいそうな場所を嗅ぎわける勘も働かない。

　そんな着物の国を初めて俯瞰《ふかん》できたような気がしたのは、引き続き着付けレッスンを受けていたときのことだ。ネットショップで買ったポリエステルの襦袢を肩にひっかけたまま、舞さんの説明に聞き入っていると、ふと質問された。

「ところで、粋の反対語って何かわかります？」

「えっと……野暮ですか？」

　とっさに思い浮かんだ言葉を口にすると、舞さんは柔らかく笑った。

「それも正解のひとつ。もうひとつの言い方は、はんなりなの」

「はんなり⁉　粋とはんなりって、対義語なんですか！」

　物書きの仕事をして四半世紀以上経つが、これはまったくの初耳だった。ちょっと恥ずかしかったが、意外な発見に気持ちは自然と前のめりになった。

「伝統的な着物の世界は、江戸と京都ふたつの文化の影響力がとても大きいの。どちらが優れているというわけではないけれど、好みや価値観の基準が違うから結果として反対語になっちゃうのよ」

「へぇ〜、知らなかった！　つまり、はんなりは江戸では野暮の意味で、京都で粋は……」

「下品という意味ね」

そのとき、私の頭のなかでひとつのイメージが成立した。

そこにあるのは日本地図。東京上空には、立体的で艶《あで》やかな「粋」の文字がちょっと斜《しゃ》に構えて立っている。一方、京都の上空には、流れるような「はんなり」の文字がときおり桃色の花びらを散らしながら優雅に舞っている。今の話そのままじゃないか！と突っ込みたくなる人もいるだろうが、私はこのとき、着物の国の基本構造に初めて触れた気がしたのだ。

そして同時に思った。自分はどちらだろう？　おそらく、圧倒的に粋のほうだ。

着物のことなどほとんどわからないのに、〝粋vs.はんなり〟の関係を知ると瞬時に答えが出るのが面白い。そう思ったのは、友人や知人にこの話をすると、たいていの人が「自分はこっち」と口にしたからだ。

出身エリアの影響だけでなく、〝粋vs.はんなり〟というカテゴリー分けが、洋服ファッションによくある、かわいい・フンワリ・優しげvs.カッコイイ・シャープ・活動的、といったイメージにスライドしやすいことも影響しているのかもしれない。

洋服ファッションと同じ傾向のものを選ぶ人がいる一方で、モノトーンのパンツ系が定番の友人が「断然はんなりがいい」というケースもあって、理由を訊くと「いつもと違うものを着ないとつまらないから」と即答した。着物にまったく触れたことがなくて、着る予定もないのに、ここまでハッキリした方針を口にできるのは、わかりにくい着物の国の構造を的確に言語化しているからなのだろう。

舞さん曰《いわ》く、粋とはんなりの違いは、着付け方にも反映される。

特に大きく違いが出るのは、衣紋の抜き加減で「平均は、横から見たときに首の後ろと衿の空間が、握りこぶしひとつくらい。はんなりの場合はそれよりやや少なめ、粋は衿を多めに抜いた状態」だという。

後になって気づいたことだが、これは首の角度や長さによっても印象が違ってくる。背骨に対して首が真っすぐ立っている人は、しっかり引かないと衿が抜けているように見えないが、首が長く前傾ぎみの人は妙に肌が露出した印象を与えることもある。年齢を重ねて筋肉が衰えてくると、背中や腰が曲がり、首も前に出てくるので、昔の人は体型の変化に応じて衣紋の抜き方を工夫したという。

〝極妻〟に学ぶ、ハッとする着姿

粋とはんなりの話で、もうひとつ印象深かったのは、着物の下半身のシルエットのつくり方だった。

「よく着物は筒型に着るというけれど、言葉通りにしたら着姿はそうとう野暮ったくなってしまうの。スタイル良く見えるためには、裾がややすぼまるようにすることがポイント」

舞さんによると、これは今どきの着付けでは必須らしい。

ヒップから裾にかけてのシルエットが逆三角形に近くなるほど粋というわけで、その代表は映画『極道の妻《おんな》たち』に登場する着物姿だ。

原作は家田荘子《いえだしょうこ》のルポルタージュで、五社英雄《ごしゃひでお》監督による第一作目公開の後、第十作までシリーズ化された本作は、現代任侠《にんきょう》映画の代表作だ。実は全編通して観《み》たことはないのだが、それでも主演の岩下志麻《いわしたしま》の姐《あね》さん姿は即座に思い出すことができる。着物の知識ゼロでも、独特な着付けには目がいったし、ただならぬ迫力に圧倒されたものだが、どうやらあれは逆三角形あってのバランスだったのだ。

着物の裾をすぼめる醍醐味《だいごみ》はもうひとつあって、それは後ろから八掛《はっかけ》が見えるところだという。八掛とは着物の裾に付いている裏地のことで、表地と同系色のこともあるが、まったく違う色が使われることも多い。

「逆三角形シルエットになるほど、歩くたびに前身頃の裾がひるがえって八掛の色が目に入りやすくなるの。かっこいい、ハッとする着姿になる」と舞さんは説明する。

見えない裏地に凝るのは、いかにも奥ゆかしい和装のおしゃれと思っていたが、実は見せてナンボのものだったのだ。

でもなかには、目的に応じてあえて逆三角形にしない着付けもある。茶道では、座りやすさと着物がはだけるのを避けるため、通常よりも深めに合わせて筒形に近づけるという。踊りの場合も動きに合わせた着付けをするそうで、「町で見かける着物姿の人は、着付けを見ればどんなお稽古をしているか、たいていわかる」と舞さんは言う。

着付けの正解は、ひとつではない。〝粋vs.はんなり〟は、あくまでお洒落着《しゃれぎ》としての価値基準なのだ。

めざすは愛犬と一緒に遊べる着物

半世紀以上生きていると、何をするにせよ、自分のライフスタイルに合った選択が正解に近づく一歩だということがわかってくる。

私は、着物を着てどこに出かけたいのだろう？　そう考えたとき、思い浮かんだキーワードは、落語と愛犬だった。

　落語を聴くようになって十五年くらい経つ。さして詳しくはないけれど、強く応援する噺家《はなしか》さんが何人かいて、彼らの奇想天外な新作落語やアレンジの利いた古典落語で大笑いすることは、今や定番のお楽しみになっている。落語は庶民の伝統芸能で、格式ばらない粋でカジュアルなところが魅力だ。私のライフスタイルにマッチするのは、きっとそういう着物なのだろう。

　そして、私にとって最大の重要事項は、愛犬の存在だ。

　名前はマド。十歳のミックス種の女の子で、放浪していたところを茨城県動物指導センターに収容され、ある動物愛護団体を経て九年前に我が家にやってきた。

　当時、獣医師に推定一歳と言われたため、譲渡された日を一歳の誕生日にしたが、授乳の形跡があったので、もしかしたら年齢はもう少し上かもしれない。詳しいバックグラウンドは不明だけれど、若くして過酷な経験を重ねたことは間違いない。

　そのため一緒に暮らしはじめたときは、ものすごくビビリだった。保護犬から家庭犬へと成長するにつれ少しずつ緩和されたが、完全には克服できていない。というよりも、今では彼女の個性のひとつとして全肯定している。

　幸いだったのはキャリーバッグを安心スペースと理解してくれたおかげで、お出かけや旅行が大好きになったことだ。ビビリながらも好奇心は旺盛で、見知らぬ土地を歩いていると、ものすごくワクワクした顔をする。都内で出かけても、雰囲気のいいカフェやバーを見つけると、飼い主の先頭に立って入ろうとする。彼女は飲み会が大好きなので、我が家のみならず友人宅での開催でも、許されるかぎり同伴で参加している。今では、愛犬の嬉しそうな顔を見ることが、人生の目的になっているといっても大げさではない。

　だから着物を着たからといって、犬はお留守番が当然などということはとても考えられなかった。むしろ、できるだけ一緒に出かけたい。

　着付けをしっかり習おうと思ったのは、愛犬ライフのなかに着物を取り入れたいと考えたことも理由のひとつだった。着物のときも、いつもと同じようにサクサク歩いたり、軽く走ったり、しゃがんだり、腕を伸ばしたり、広げたり、抱っこしたり、洋服のときと変わらずに愛犬と接したい。散歩中は、もちろんウ◯コだって拾う。着物を着ていようがいまいが、飼い主としてあたりまえのことだ。そんなときに、いちいち着崩れを恐れていてはどうにもならない。

　さて、ここからは着物選びだ。目をつけたのは、洗える着物だった。

　季節は春から初夏へ移り変わろうとしているときで、人生初の着物ライフの先には、まもなく毎年恒例の猛暑の日々が待ち構えていた。

昔も今も、着物というのは、基本的に気軽に洗濯できないものということになっている。絹でつくられた生地は水に弱く、洋服のように洗ったら縮んだり、風合いを損なってしまう。洗濯や染み抜きはプロに頼まなければならない、〝汚したら大変！〟がスタンダードな世界なのだ。

しかし、木綿や麻、ポリエステル素材の着物なら自宅で洗濯することができる。汗だく必至のなかで、愛犬と遊ぶには最適な着物といえるだろう。

そして、ある日、一枚の着物に目がとまった。某店にあったのは、アイボリーの地に黒の縦縞、両肩から袖にかけて巨大な朱色のアネモネが描かれたものだった。

「この着物、下に襦袢を着れば夏着物、襦袢なしで浴衣としてもお召しいただけます。洗濯機で洗えるので、お手入れも楽ですよ」

店員の説明を聞きながら、袖を通した。

ポリエステル製は暑いと聞いたこともあったけれど、サラリとした肌触りが気持ちよかった。浴衣兼夏着物という、臨機応変なところも気に入った。浴衣は、日常の延長にもっとも近い和装の代表だ。これこそ落語と愛犬散歩にぴったりの一枚だと思った。

チャラい着物が大変身

世界万能の〝差し色コーデ〟が通用しない国

初めて自分で選んだ着物を自宅に持ち帰り、あらためて眺めていたらジワジワと感動が押し寄せてきた。着物がワードローブに加わる日が、いよいよやってきたのだ。

「スゲー柄！　そんな着物どこに売ってたんだ？　カッコイイじゃん」

夫は大笑いしていて、どうやら好評のようだ。

さて帯はどうしようかと考えたが、手持ちの黒の半幅帯があったので、ひとまずそれを締めてみた。その格好で、舞さんの店に遊びに行くと「キレイに着られてる。自信持っていいわよ」と言われてガッツポーズしたのもつかのま、

「でも、ちょっとチャラいのよね」

といきなりダメ出しされてしまった。ガックリ……。とはいえ、みごとに言い当てられた感もあった。

巨大なアネモネのプリントは、着物というよりサマードレスのイメージに近い。イン

パクトと同時に、そこはかとない唐突感というのか、薄っぺらさが漂うのも事実だった。チャラさの理由は、具体的に何なのだろう? 訊けば、主な原因はふたつあった。

ひとつは、ポリエステルの着物に、ポリエステルの帯を合わせているところ。

「化学繊維を否定するわけではないけれど、着物がポリのときは絹の帯を合わせたほうが落ち着くのよね」

これはおそらく素材のツヤなど、質感の問題だ。単体で見ると特別にシャラシャラ、ピカピカしているわけではないが、自然素材のゆとり感やほっこり感というのは、着物のコーディネートでは重要ポイントなのだろう。

しかし、もうひとつは意外すぎた。

「帯の色が黒だから」

「えー、黒ダメなの⁉」

縞の色に合わせたのが無難すぎる点は認めるが、ハッキリとダメというのは意外だった。しかし、考えても黒以外の組み合わせが思い浮かばない。

舞さんによると、その発想は洋服のコーディネートだという。ファッション小物を決めるとき、メインの服に使われている色から一色を選ぶという方法は、おそらく世の中の多くの人がやっている基本テクニックだ。

着物の雑誌や書籍などでも、そんなヒントを読んだことがある。しかし、プリント柄の現代着物や浴衣を大人のおしゃれのレベルに押し上げるためには、まったく違う色の帯を合わせるセンスが必要らしい。

いわゆる差し色とは違う発想で、まったく思いつかない。というわけで、脱・チャラコーディネートにふさわしい一本を選んでもらうことにした。

「これなんか、いいと思う」

舞さんが、店の棚から選びだした帯は、正直にいって違和感しかなかった。小豆色《あずきいろ》ともココア色ともいい難い、なんとも不思議な色合いだ。アネモネの朱色や黒、アイボリーにこの色をぶつけてくる意味がさっぱりわからない。

「これ？　この帯が合うの⁉」

「見慣れないとヘンに感じるでしょ。でも着物に合わせたら、わかるから」

私が戸惑いをあらわにしても、舞さんは余裕だ。いわれるがまま店の奥の小上がりを借りて、さっそく帯を締めてみた。

鏡のなかの着物姿に驚いた。巨大なアネモネのインパクトはそのままに、江戸の粋な雰囲気が押し出され、チャラさはすっかり鳴りを潜めているではないか。

「なにこれ！　カッコイイー‼」

「でしょ。博多織《はかたおり》の帯は、初心者にも締めやすいわよ」

博多織というのは、その名のとおり福岡県の博多エリアで伝統的につくられてきた絹織物のことで、カジュアルなお値段ながら品質の高さや扱いやすさから、着物の国では一目置かれる存在らしい。

さらに後で調べてわかったのは、小豆色とココア色の中間みたいなこの色は、江戸時代に「桜鼠《さくらねずみ》」や「梅鼠《うめねずみ》」と呼ばれた当時の流行色のひとつらしい。いわゆる和の色というやつだ。

現代的な色の着物をおしゃれにまとめる効果があるという点では、万人に使えそうなテクニックだと思った。なにより私のような、インパクト優先の着物に目を奪われがちなタイプには、なおさら押さえておくべきアイテムのひとつという気がした。古典カラーの伝統帯の効力、覚えておこう。

アフリカ着物に呼ばれる

チャラい着物の変身をまのあたりにして、着物コーディネートの独特な世界がちょっぴり理解できたような気がした。

洋服ファッションのセンスがまったく役に立たない、とまではいわないけれど、このままでは着物でしかできないおしゃれに到達するのは難しそうだ。

もうひとつ頭をよぎったのは、柄オン柄のコーディネートのことだった。色柄ものの着物に、これまた凝った色柄の帯を組み合わせるスタイルは、着物の国独特のセンスだ。これこそ洋服ファッションでは絶対に体験できないものだけれど、何をお手本にしたらいいのだろう？

着物とビールジョッキが似合う友人のＫちゃんからメッセージが届いたのは、そんなときのことだった。

「来週、着物のイベントがあるよ」

添付されたＵＲＬを開くと、アースカラーとド派手な原色で構成された着物たちが目に飛び込んできた。なんとアフリカの布を使った着物や浴衣だという。世の中には、こんなカッコイイものがあるのか。アジアやアフリカは旅先として長年親しんでいたエリアだけに、この展開は意外だった。

会場では、アフリカ着物のほかに、オリエンタルな素材を使った和装小物やアンティーク着物の展示販売もあるという。こうしたイベントに集まる人々は、おそらく色柄のを激しくぶつけ合うコーディネートに慣れているはずで、なにやら参考になりそうだ。

会場は、代々木上原駅から徒歩数分の古民家だった。玄関の引き戸をガラガラと開けると、そこは独特な熱気に包まれていた。

集まっていたのは、二十代から三十代前半とおぼしき女性たちだった。着物や帯をかこみながら夢中でしゃべる彼女たちは、テンション高くこの瞬間が楽しすぎてたまらないオーラを放っている。かたや畳敷きの部屋で車座になった別のグループは、各自のアイテムを見せ合いながら〝カワイイ合戦〟に興じていた。

誰が売り手で、誰が客なのか、さっぱり見分けがつかない。会場では八割以上が和装で、こんなにたくさんの着物姿の人々をリアルに見るのは初めてだった。楽しそうな彼女たちを見るのは悪い気分ではないけれど、サークルの部室に紛れ込んでしまったようで、かなりのアウェー感があった。

ちょっとモジモジしたくなったが、ここは図太いオバさんになるしかないと、まずはアフリカ着物のコーナーに突き進んだ。ハンガーラックにズラリと並べられた着物は、緑や黄色、オレンジ、紫など、灼熱の太陽の下で映えるアフリカンアートの世界そのものだった。

今回のメインテーマだけあってものすごい人気で、ラックのまわりには二重、三重に輪ができている。押し合いへし合いしながら、複数の女子が試着をくりかえしていて近づくこともできなかった。

柄オン柄オン柄に脳がパニック

ふと見るとアンティーク着物コーナーがあったので、そちらを攻めてみることにした。

「遠慮なく、広げてみてくださいねー」

〝カワイイ合戦〟の輪からひとりの女性が声をかけてきたので、いくつか手に取ってみたがどれもサイズが小さい。

ようやく長めの丈のものを探しあてて、ためしに羽織ってみた。梅干しを連想させる派手めの赤色と薄いグレーの巨大な幾何学模様で、シャリシャリとした手触りが心地よい。訊くと、麻だという。毎年の猛暑を思うと、最強の素材ではないか。愛犬連れで夕涼みによさそう、とホノボノとした妄想が広がる。

しかし、この着物にどんな帯が合うのだろう？

鏡の前でボンヤリしていると、「こちらで合わせてみませんか」とさっきの女性が再び声をかけてきた。案内されたのは、アフリカ着物の隣の帯のコーナーだった。アフリカの布やインドネシアのバティックを使った帯を扱っている。

「こういう帯って、一本あると変化がついて便利ですよ」

そう言いながら、お腹《なか》の前に帯を次々とあてていく。

鏡越しに見ても、それぞれに味わいがあってカワイイと思った。しかし、巨大な幾何学模様の着物と合わせていたら、なんだかよくわからなくなってきた。この組み合わせは、本当におしゃれなのか、実はイケてないのではないか、自分の好みなのか、それとも好みではないのか……？

そのとき、不思議なことに気がついた。売り手の女性は、三十歳前後だろう。さっきから一対一で話しているのに、どんな顔をしているのかよくわからないのだ。目の前にいる相手の顔が把握できないなんて、おそらく読者の方は「なんのこっちゃ」と思うだろうが、そうとしかいえない現象がおこっていた。彼女と話していても、着物や帯の柄ばかりに目がいってしまって、顔認識まで到達できないのだ。

ふとまわりを見ると、会場に集う女性たちは、もれなく激しい柄オン柄のコーディネートでキメていて、顔まわりにはうっすらとモザイクがかかっていた。これはホラーか、それともSFか？　なんだか目がチカチカしてきた。

そんな状態でコーディネートを提案されても、さっぱり理解できない。

「ごめんね、今は決められないわ。柄が激しすぎて、脳がパニックおこしてるみたい」

正直に言うと、売り手の女性は優しく微笑《ほほえ》んだ、ような気がした。ともかく今はクールダウンするしかない。幾何学模様の着物の支払いだけをすませて外に出た。

はぁ、びっくりした！　しかし、顔認識ができないって、どういうことだろう？　こんなこと、初めての経験だった。

帰路、記憶の糸をたぐりながらその理由について考えた。

気づいたのは、あれは着物と帯だけのせいではないということだ。ポイントはおそらく半衿だ。半衿というのは、着物の下に着る襦袢につける衿のことで、基本カラーは白

柄オン柄オン柄

といわれるが、それを変えると印象がガラリと変わることから、和装おしゃれのキモと凝る人も少なくない。

会場にいた人々は、着物も帯もハッキリした柄物で、さらに半衿も激しく柄物だった。なかには左右の衿が違うパターンもあった。つまり柄オン柄ではなく、柄オン柄オン柄。あるいは、それ以上なのだ。

ファッションなんて、本人がよければそれでいいのだけれど、顔がわからなくなるコーディネートというのはさすがにどうなのか。もっとも原因の根本は、私のほうにあるのだろう。情報の収集と分析、認識などに関わる力が、脳の老化によって著しく低下しているともいえそうだ。あの会場で〝カワイイ合戦〟で盛り上がっていた女性たちの様子を思うと、その可能性が大きいような気もした。

いずれにしても要素を盛り込みすぎたコーディネートは、私には情報過多だ。柄オン柄には、抜け感が必須！　自分の脳年齢に思いを馳《は》せながら、そんなことを考えたのだった。

手っ取り早く着慣れたい

ルールブックでスルーされるアノ問題

そろそろ、ルールブックに目を通しておいたほうがいいのかもしれない。そう思ったのは、着物での外出を計画しているときのことだった。

着物の国は、とにかく決まり事が多いと聞く。わかってはいたものの堅苦しいのは苦手なので、なかなか腰をすえて取り組むことができずにいたのだ。そこでまとめて十数冊を取り寄せてみたのだが、ある本を手にしていて、思わず吹き出してしまった。

和装の所作を解説するページのお宅訪問のシーンで、若いモデルさんが手土産を風呂敷に包んで参上していた。そう、多くの人は生まれてこのかたCMでしか目にしたことがない、アノ仕草だ。スッと背筋を伸ばし、包みを左腕にのせて右手を添えた姿はたしかに美しいけれど、これはどういう設定なのだろう。

自宅から歩いて数分なら、この状態をなんとかキープできるが、これほどあらたまって訪問するお宅が至近距離にあるのは、確率からしてかなり低い。公共交通機関を利用すると考えるのが自然だが、だとすれば彼女の左腕はすでにプルプルのはずで、もう気が気でない。危ないから手提げバッグに入れようよ、というか普通は入れるだろう。

同書では、このあとも所作の解説が続くのだが、読むほどに現実と乖離《かいり》したシュールな味わいがジワジワと胸に迫った。

和室での正しいお辞儀のしかた、座布団の座りかたなど、もちろん知っておいて損はないものばかりだが、初めて着物を着たからといっていきなり生活が変わるわけではない。最大の疑問は、着物を着て出かけるときに、もっとも不安を感じる点に触れていないことだった。それは誰もが避けては通れない、アレ……そうトイレ問題だ。

細かく調べてみれば、個室内の所作を紹介しているものもあるにはある。けれどそれは、業界内の若手からの情報発信だった。

これこそ著名な専門家が監修する、ルールブックで取り上げるべきテーマだと思う。古式ゆかしい所作も指導できる着物の先生が推奨する、個室内での美しいお作法とはどんなものなのだろう。個人的には、すごく興味がある。それがスルーされてしまうのは、美しい着物を扱っているのに尾籠な話題には触れたくないということなのだろうか。それとも着物歴の長い人々のあいだでは、瑣末《さまつ》なこととして忘れ去られてしまうのか。

個人的な経験からいえば、トイレ問題解消のコツは思いきりだと感じている。恐る恐るやっていると、かえって中途半端になってリスクは高まるばかり。ここではシワなど気にしないで、着物と襦袢を盛大にたくしあげるのが吉だ。太めのベルトでウエストマークした、たっぷりロングのフレアスカートを扱うときと概《おおむ》ね同じといえば、たいていの人には通じるのではないだろうか。腰紐《こしひも》と帯がストッパーになるので着崩れることはない。持ち上げた裾を胸の前でひとまとめにして、袖の袂《たもと》が汚れないように注意すれば、あとは洋服のときと変わらない。事が終わったら着物と襦袢をすべておろして裾を整え、おはしょりをビシッと下に引き、帯の後ろが跳ね上がっていないか確認したら完了だ。

知りたいのはモタモタしないコツ

歩幅はいつもより小さめに、物を取るときには袖の袂を持つなど、着物はいつもよりスローダウンする要素が多い。でも実際に着て行動するのは、洋服のときと同じスピードを要求される現代社会だ。

自分で着てみて最初に思ったのは、着物の袖はなんてドアノブと相性が悪いのだろうということだった。特にユニバーサルデザインとして広く採用されているL字タイプのものは、ドアとの距離を十分に取らないと袖口にスッポリと入ってしまう。ドアからギリギリのところをすり抜ける、せっかちな自分の癖を認識すると同時に、昔の日本の家が引き戸だった理由がよくわかった。

エスカレーターの手すりにつかまるときも、うっかりすると袖で拭き掃除をしてしまうので要注意だ。駅の階段も激しく汚れていることが多いので、裾が触れないように右手で足に寄せながらしっかりと引き上げる必要がある。ふくらはぎがさらされやすく、エレガントではないが、そのぶんササッと動くことができる。

着物で行動していて、この〝ササッ〟はかなり重要だと思う。つまり洋服のときに近いテンポで行動できるというわけで、すごく気がラクになるのだ。

「着物で出かけたときは、駅の改札やコンビニのレジで密かに気合いを入れてる。モタモタするのってカッコ悪いから」

というのは、友人のTさんだった。

着物を着ているといつもより注目を集めてしまうだけに、現代社会のスピードについていけない状況を避けたい欲求がより強くなる。特に人の流れを止めたり、会計で手間取ったりすることは極力避けたい、という彼女の言葉に「わかるわぁ、それ」と私も深くうなずいた。

そんなTさんが「いくつか買ったけど、使うのは結局コレばっかり」と言って見せてくれたバッグは、デザインがいいという以上に物の出し入れがラクなのが最大の特徴だった。

こういう情報って重要だ。そう、私が知りたいのは、着物初心者がモタモタしないコ

ササッ

ツなのだ。これがいわゆる着物を着慣れるということなのだろうが、それは何回くらい着たら到達できるものなのだろう。

今どきの多くの人は、仕事や家事、子育て、介護、勉強や習い事などで多忙な日々をおくっている。着物で外出する日を確保しようとしても、体調や天気によってパスしたくなることもあるから、月一回でもかなりの高頻度といえるだろう。

その状況で着慣れるなんて、いったい何年後の話なの？　そう思った私は、ひとまずTさんを見習って、自動改札用ＩＣカードとお財布は即座に取り出せるタイプのバッグを使うことにした。

出し入れがラクといえばトートバッグだ。

手持ちのものをいくつか着物に合わせてみると、意外なほどマッチするので驚いた。やや小ぶりでシンプルなコットン製のものは、夏の着物や浴衣にすごく合うし、大人カワイイ動物系プリントやアジアンテイストのバッグは違和感どころかアクセントになる。着物をカジュアル化できるアイテムとして最強だと思った。

実はそれ以前に和装専用バッグをひとつだけ買ったのだが、気づけば出番がないまま今に至っている。ちなみに和装バッグと普通のバッグの違いについて調べてみると、一番重要なのは外側に金具やファスナーがついていないことで、これは着物や帯を傷めないためらしい。トートバッグが着物シーンでこれほど活躍するとは予想外だが、必須条件の面からも相性が良いものだったのだ。

ちなみに足元は、歩きやすいと評判のウレタン草履にした。足裏に馴染《なじ》む安定感のある台と太めで柔らかい鼻緒が特徴で、一日目でもまったく違和感がない。ハイヒールのパンプスよりもはるかにラクなので、歩行速度は日常ペースに近くなった。

愛犬と居酒屋へGO！

着物に慣れるには、とにかく着て出かけることが大事といわれる。

私も着付けを習ったとき、「家で練習がてらに着たときは、臆せず近所を歩いてみて。コンビニに塩を買いに行くだけでも意味があるから」と舞さんにアドバイスされたが、その意味で愛犬マドの存在は大きかった。毎日やっているお散歩も、和装で行けばかなりのトレーニングになるからだ。

着物初心者の心配事のひとつは、自分の着付けがどんな動きに堪えられるのかイマイチわからないことだ。予測がつかなければ、動きは自然と控えめになって、現代社会のスピードからどんどん遠ざかってしまう。

しかし、犬の散歩というのは、出かける前後も合わせていろいろな動きをしないと成り立たない。お散歩バッグに水入りペットボトルと排泄物回収用の袋を入れたら、玄関に犬を呼んで散歩用のハーネスとリードを付ける。エレベーターはマンションの規定に従い抱っこで移動して、共有玄関を出たら地面に降ろす。

マドはむやみに引っ張るタイプではないが、外に出れば嬉しいから自然と歩調は速くなる。サクサク歩いたかと思うと、突然止まって電柱や垣根の臭いをチェックして、また歩きだす。散歩は犬のための時間だから、安全に問題がなければマドの意思を優先して行き先を決める。途中でウ◯コも拾う。そうして近所をひとまわりして、マンションのエントランスで抱っこをして、エレベーターに乗って帰ってくる。玄関についたら、マドの足を拭いてハーネスをはずしてあげる。

さすがに朝から着物では、ご近所さんに話題を提供してしまいそうなので、実行したのは夜のお散歩のみだったが、三回も行くと着物経験値がすごくあがった気分になった。

歩く速度は犬に合わせるし、舗装道路の脇にあるちょっとした草むらに入ったりもする。ほかの歩行者や自転車など、まわりの安全にも気を配らなければならない。動きのバリエーションは多いが、やってみたら意外と大丈夫だった。

ここまでくれば、愛犬連れで一杯やりにいくしかない。

夫を誘って、電車で数分の馴染みの店を訪れた。「ここ知ってる！」といわんばかりにマドが率先して入っていく。

着物を着るとけっこう身体を使うので、家を出た時点ですでに喉はカラカラだった。

席に案内されて、さっそくオーダーした生ビールはいつにもまして美味しい。普段と唯一違うのは衣服だけで、そこにあるのは穏やかな日常の延長だった。

第2章
着物警察を撃退する方法

着付けルールに王道はあるか？

マウンティングが否定されない謎

着物警察――この言葉を知ったのは、着物の国を歩きはじめて一～二か月くらいのことだった。

うわ、なんだかイヤな言葉！　そう直感したとおり、インターネットで検索してみると信じ難いエピソードのオンパレードで、今すぐ一刀両断したい気持ちでいっぱいになった。

すでにご存じの方も多いと思うが、着物警察というのは、着物を着て歩いている人に「着付けがオカシイ」「着物と帯が合っていない」「帯の結びがズレている」「着物の趣味が悪い」など、上から目線でダメ出しをする人々のこと。ドキドキしながら着物を着て出かける初心者にとって、天敵といってもいい存在だ。

驚くのは、断りもなく帯や着物を触る人がいて、これがさほどめずらしいことではないらしい。

「私も遭遇したことありますよ。浴衣で遊びに行った帰りに、駅のホームで知らないオバさんに『帯がゆるんでいる』と言われて手直しされました」

そう話すのは、この本の編集担当者Yさんだ。

「駅のホームで!? 公衆の面前でそんなことをされて、よく我慢できましたね」

「やや帯がゆるんでいたけれど、あとは家に帰るだけだったので、迷惑でしかなかったです」

聞けばYさんが二十代のときのことで、若さゆえにオバさんの勢いに呑まれて拒絶しそびれてしまったようだ。

SNSの投稿では、着物の袖をつかまれて素材を吟味されたあげく「こんな安物を着て出歩くな」と罵倒された体験記などもあって、警察というよりモンスターだ。これは犯罪ではないのか？　着物警察を取り締まる、警察が必要だと思った。

Yさんの話からもわかるように、被害者の多くは若い女性だ。薄々予想していたことだが、やはりと思った。着物警察の概念をざっくりと把握したとき、自分はきっと取り締まりの対象外なのだろうなぁ……と考えたのは、着物姿に自信があるわけではなく、私が中年女だからだ。

着物警察の多くは、私と同世代かそれ以上の自称着物歴が長い女性たち（信じ難いがまれに男性もいるという！）で、一連の言動から、反撃の可能性がゼロに近い相手を選んでいることは容易に想像できる。もちろん面倒くさそうな中年女なんかには、絶対に近づかない。ターゲットは素直でおとなしそうな若い女性で、これは同世代として恥ずかしいことこのうえない。

しかし、驚くのは、この話題になると本音優先のインターネット上でさえ、若者世代と思われる人々から「親切のつもりで言ってくれているんだと思います」「きっと悪気はないんですよ」などのコメントが浮上することだ。

優しいなぁ……。不快な思いをしてもなお、なぜそんなに優しい言葉が出てくるのだろう。着物警察なんて単なるマウンティングでしかないのだから、「失礼なこと言わないで」と返すくらいしてもいいのに。

これには、「着物警察は、自分たちの知らないことを教えてくれることもある」という考えが根底にあるようだ。

しかし着物警察の言うことは、そもそも正しいのだろうか？

これはあくまで個人的な経験だが、こちらが訊いてもいないのに「これはこうだ！」と教えたがる人の情報は、たいてい正解から遠い。多くは勘違いや思い込みを含む個人の考えでしかなく、よくても〝こういうやり方もある〟程度のものだ。

ただし着物警察がもれなく推奨する王道の着付けルールや、メインストリームとなる流派があるとしたら、ひとつの正解と考えてもいいのかもしれない。そうなれば取り締まりの標的になりやすい人がいるのは、なんとなく理解もできる。

はたして着付けに王道はあるのか？　まずは『着縁』オーナーの舞さんに訊いてみた。

「着付け教室は、それぞれが、それぞれの方法を教えているだけ。王道もないし、流派もないわよ」

答えは実に明瞭だった。

まったく予想していなかったわけではないが、ここまでハッキリ「ない」と断言されるとけっこう驚く。それなら着物警察たちは、なぜ自信満々で見知らぬ人を取り締まったりできるのだろう。メインストリーム不在のなかで、自分は正しいと思える根拠とは何なのか？

「全国展開しているような大手の着付け教室は、受講者の人数が多いから、多数派というのはあるのかもね」

舞さんが問題点として指摘するのは、人数が多いだけでなく、自分の習った着付けが唯一最高の方法だと信じて疑わない人が多いことだ。そのため他人の着付けが違っていると、つい口が出てしまうらしい。

でも洋服の場合は「こんな服、あり得ない！」と思っても、わざわざ相手に言ったりしない。それが着物になると、なぜそんな行動がとれるのかも謎だ。

「着物姿の人を見ると、自分の住む世界に入ってきた新しい仲間だと思うのかもね」

と言う舞さん。おお！　これぞ小国らしいエピソード。国境を越えてきた者には、その国のルールを教えてあげなければ、という使命感によるものなのか。むしろこれは、着物姿の人が自分の所属するサークルの新入部員に見えてしまう、といったほうが近いかもしれない。好奇心旺盛なおばちゃんにとって新人さんというのは、心浮き立つ存在だ。つい目がいったり、黙っていられない気持ちは、私にもわかる。ならばせめて、口にするのは褒め言葉だけにすればいいのに。なにしろ着付けには、正解も王道もないのだから。

着物警察に出会ってしまったときの一番の対処法は、とにかく無視する、気にしないことだ。とはいっても、ちょっとドキドキしながらいつもと違うおしゃれを楽しんでいるときに、ネガティブな言葉をぶつけられたら、華やぐ気分は台無しだ。

その瞬間はどうにか受け流しても、ダメージはボディブローのごとく後からジワジワ効いてくる。ああ、悔しい！　もっとハッキリ言い返せばよかった！　と後悔したり、でも私の着付けが未熟だったのが悪かったのかな、そもそも着物を着て出かけたことが間違っていたのかな……、と弱気になったり。

この構図、各種ハラスメントと共通するものがある。

それならなおさら、効果的な撃退法を広く共有することは大事なのではないだろうか。その方法は、おそらく着物警察を一刀両断できる知識や情報を持つことだ。しかし、そんな情報がどこで手に入るかなど着物初心者にわかるわけもない。

撃退法を求めて旅に出た

着物警察の撃退法について教えてくれる人が、どこかにいないだろうか？　着物の知識が豊富で、被害者側の心理や状況を理解できるという意味でも、なるべく若い人がいい。

浮かんだのは、ＹｏｕＴｕｂｅのなかの人だった。

着物着付け講師のすなおさんは、動画サイトから着物の知識や、着付けの方法やコツを発信している。二〇二〇年当時のチャンネル登録者数は九万人超えの、人気着物ユーチューバーだ（二〇二四年六月現在、登録者数は三十三・八万人）。

彼女の動画を発見したのは、私が着物の国に足を踏み入れた直後のことだった。今の時代に着物をかじっていて心底ヨカッタと思うのは、動画サイトが存在することだ。たとえば本に紹介されている帯結びを見て、これカッコイイ！　と真似《まね》てみようとしても、どうにも手順がわからない。丁寧な図解付きで説明されているはずなのに、私の脳内ではプロセスがワープしているとしか思えない現象が頻繁におこる。

でも動画になると、驚くほどわかりやすい。やり方を覚えられるかはまた別の話だけれど、パソコンを前に帯をグルグル、ギュウギュウやっているとなんとか完成するのだからすごい。

そのひとつが、すなおさんが運営する『すなおの着物チャンネル』だった。彼女のチャンネルの特徴は、とにかく説明が簡潔なこと。テーマは入門的な内容から、裏ワザ的なものまで様々だが、冒頭にテーマの概要や「こんな人におすすめ」などポイントを三つほどあげてくれるのだ。

友人と過ごすように、ユルユルとしたノリの動画に魅力を感じる人もいるのかもしれないが、私は気が短いのでとても見ていられない。その点、すなおさんは、ポンポンと要点を説明してさっさと実演スタートという構成で、とにかく展開が早い。

すなおさんのプロフィールによると、生まれは一九九〇年。着付けをはじめたのは、大学時代の十九歳のときで、二〇一二年に全日本きもの装いコンテスト関西大会優勝、翌年は同世界大会準優勝。さらに国家資格一級着付け技能士も取得している。一度は大手企業に就職するも、着物のことが忘れられず、着物メーカーに転職して営業・企画に関わり、退職後に自宅で着付け教室を開いて現在に至るという。

若くして、頼もしいキャリアを持つ彼女なら、着物警察の撃退法をはじめ、私が抱える着物の国の疑問やモヤモヤについて、ざっくばらんに答えてくれるのではないか。

そんな思いで、すなおさんの住む京都をめざした。

訪ねたのは、ＪＲ京都駅から一駅のところにある、すなおさんが主宰する着付け教室だ。

リアルなすなおさんは、黒髪のショートボブと色白の肌が、優しい色合いの着物によく映える、はんなりという表現がピッタリの女性だった。ちょっと意外だったのは、パソコン画面を通したイメージよりかなり背が高いことだ。

「よく言われます。百六十八・五センチあります」

微笑みながらスッと背筋をのばすしぐさが、清々しい。

着物をはじめる前はバイクが趣味で、メカニカルな重量感が特徴のアメリカンバイクのひとつ、カワサキのエリミネーターを乗りまわしていたという。振り幅の広さにちょっと驚いたが、その姿を見て納得できた。

「動画にアップしているテクニックは、独自に研究を重ねてたどりついたものも多いです」

と言うすなおさんは、「サイズの合わない着物を着る方法」や「短かすぎる帯を結ぶ方法」、「小顔に見せる着付けのコツ」「太った着物姿の原因第1位・脇のダブつきを取る方法」など、数々の裏ワザを紹介している。いずれも、一般の着付け教室では教えないことばかりだ。

ちなみに、着付けの方法について王道やメインストリームはあるのか？　すなおさんにも訊いてみた。

「着付けの方法は、教室によって違います。本来なら〝正しい着付け〟なんてないはずなんです」

これについては、舞さんとまったく同意見だった。

さてここからが本題、着物警察についてだ。すなおさんも、以前から問題視しているようで、のっけから反応は熱かった。

「せっかく頑張って着物を着ている若い人に向かって、いらんこと言うの、ホントにやめてほしいです！」

彼女自身も、SNSやYouTubeから着物着付け講師として発信しているので、いろいろと突っ込まれることも多いはず。リアル着物警察でも始末が悪いのだから、ネット着物警察なんて言いたい放題だろう。

「私が言われるのはいいんです。プロなんで。それでも一方的なルールや価値観で非難されると、やっぱり気持ちはへこみますよ。着付け講師でもこれほどイヤな気持ちになるのだから、普通に着物を楽しもうとしている人にとって、どれほど精神的ショックが大きいのかと思います」

ネットでは不明だが、リアル着物警察の世代は中高年が多い。これについてすなおさんは、世代によって他人との距離感が違うことも理由にあげる。

着付けのルールに
正解はない
のに…

「個人的な印象ですけど、祖母の世代はめっちゃ他人に話しかけるんです。実家の近所のおばちゃんとか、距離感にギャップがありすぎるから若い人はビックリしちゃうんですよね」

話の内容にもよるが、話しかけてくるのが昔からの顔なじみの近所のおばちゃんなら、特に問題ではないと思う。

それにこんな時代だからこそ、他人との境界線を身軽に飛び越える能力は大切だと思う。本当にピンチのときに救世主となるのは、間違いなくおばちゃん力を備えた人だ。私が会社員をしていた二十代前半のとき、通勤電車のドアの脇でボンヤリ立っていると「スカートのファスナー上げるわね。お礼いわなくていいから。そのまま行きなさい」と背中をポンと叩《たた》いてくれたおばちゃんのことは、今も忘れることができない。降車駅のドアが開く瞬間という絶妙なタイミングで、大人の女性の配慮とはこういうものか、といたく感動した。少しでも近づきたいと密かに思い続けてきたが、年齢ばかり重ねて、いまだ足元にも及ばないのがなんとも情けない。

おそらく着物の国にも、そんなステキなおばちゃんがたくさんいるのだろう。ならばなおさら、そんな人々が着物警察と一緒くたにされるのは不本意だ。

美智子様の着姿にラフの歴史を学ぶ

着物警察の定義は、固定的な価値観を押し付けること。なにより問題で迷惑なのは、自分の知識や常識がローカルルールだと気づいていないことだ。

すなおさんは、現代ほど着物をキチキチ着ている時代はない、と指摘する。

「着物が疎遠になってしまったから、わかりやすくするために『襦袢の衿は何センチ出す』という説明が必要になります。それによって、なおさら正解を求めるようになるのかもしれません。着物といえば、今はお太鼓が正当と思われていますが、江戸時代は〝引き抜き結び〟が主流でした。着方の流行やルールが、時代によって変わっていくのはあたりまえのことです」

たとえばそれは、昭和三十四（一九五九）年の皇太子殿下ご成婚当時の美智子《みちこ》様の着物姿からも知ることができるという。

「当時の写真を見ると、おはしょりや帯揚げの処理などが、今よりもずっと大らかだったことがわかります」

ネット検索してみると、なるほど現在の上皇后美智子様の装いとはかなり違う。おはしょりは帯と水平ではなく、幅も着物によってまちまちで、なかにはシワがよっているように見えるものもある。

当時、明治期以降初の民間出身プリンセスの誕生に日本中が沸いたというが、バッシングもそうとうだったと聞く。しかし、着物の着方に関して批判的な声はあがらなかったという。なぜなら「当時、シワのない着付けは求められていなかったから」とすなおさんは説明する。

「直線裁断、直線縫いという着物の構造上、基本的におはしょりは斜めになります。昔はこれが〝船底型〟といってあたりまえでした」

それが今では、①帯とおはしょりは水平、②長さは帯下五〜八センチ前後、③シワひとつないこと、が理想的とされている。つまり着物の構造を無視しているわけで、これを目標にすれば独特なテクニックが必要になる。それを教えるようになったのが、美智子様ご成婚ブームの後に増えていった着付け教室なのだ。

「着物全体の歴史から見れば、おはしょりだって最近のものです。江戸時代初期までは、対丈《ついたけ》といっておはしょりをつくらない着方をしました」

すなおさんは、ＳＮＳやＹｏｕＴｕｂｅから「対丈で着物を着る方法」も発信している。それは、日本中の箪笥に眠る着物を活用させることが目標の彼女の信条とも通じている。

サイズが固定されている洋服と違い、着物は多くの人とシェアできる衣服といわれているが、実はそれにも限度がある。特に着物の丈がどれだけあるかは重要で、おはしょりをきちんとつくるためには、身長プラスマイナス五センチ以内のものを選ぶ必要があるといわれている。

しかし、祖母や母から譲られた着物、お値段が手頃なアンティークやリサイクルの着物というのは、現代人にとってサイズが小さいことも多い。私も色柄が気に入ったものの、サイズが合わずに諦めた着物がこれまで何枚かあった。

でも、ときには諦めきれないこともある。あるショップで出会ったアンティーク着物は、濃いサーモンピンクにハッキリしたターコイズブルーの細めの縦縞という大好物要素のつまった一枚で、状態も悪くなかった。しかし、丈は身長からマイナス十センチほどとかなり短かかった。

それでも購入にふみきったのは、すなおさんがＹｏｕＴｕｂｅにアップしていた動画を見ていたからだ。

「やってみると、対丈ってスッキリした印象で意外といいですね」

「そうなんです！　対丈なら、身長マイナス二十センチまで着られるから、選択肢が広がります」

しかし、ネット上では非難する人もいたという。

「プロの着付け講師が、そんな情報を流すなんて何考えているの？　と言われました」

「そんな情報というのは、いわゆる大手の着付け教室では教えないこと、という意味ですか？」

すなおさんは、苦笑いしながらうなずいた。

その人も着付け講師なのだろうか。これについては、第4章で詳しく取り上げるつもりだが、サイズ違いの着物を活用する方法を紹介するというのは、どうやら着物ビジネスの世界にとって脅威のひとつになっているらしい。

正解はカッコイイ、カワイイでいい

着物警察を疎ましく思っても無視できないのは、どこかに正解があると思う人が多いからだ。本当は正解なんかどこにもないのに、正解を求め続けてしまうところは、いかにも日本人的だなぁと思う。

「SNSでも、正解は何ですかという質問がとても多いです。どんなに『気にしなくていいんですよ』と言っても、正解を訊かれます。今はインターネットで海外のファッションをいつでも見られて、美意識もいろいろで、試験を受けるわけでもなく、ただ着物を楽しみたいだけなのに『こうでなければならない！』とがんじがらめになってしまう。そんな堅苦しさを取っ払ってしまいたいと思っています」

着物のプロに、ここまでハッキリ断言してもらえると、とても安心できる。着物なんて、所詮はワードローブのひとつなのだ。あえて正解を求めるなら、カッコイイか、カワイイか、で十分なのではないか。

「自由に着物を着る若い人が今より多くなれば、着物警察もいなくなると思いますけど」

すなおさんが言うように、数は重要だと思う。ファッションは若者がつくるというのは、人類史上不動の事実だし、コンサバばかりがもてはやされる着物の国は個人的にとても退屈なので、着物人口の若年化は大歓迎だ。

だからこそ今、着物警察の撃退法を共有することは必要だと思う。

すなお流の秘策について訊いてみた。

「洋服と同じで、フォーマルシーンや誰かが主役のとき以外は、何を着ても自由。不躾《ぶしつけ》に意見されると悲しい気持ちになりますが、おおきに、とサラッとかわして楽しんじゃいましょう」

まずはメンタルを強く保つこと。着物警察と喧嘩《けんか》しても、時間と労力の無駄なので、無視するのが一番だ。しかし、相手の一撃を心のなかで返り討ちにするための武器（罵倒語）のひとつくらいは忍ばせておきたい。

キメ台詞《ぜりふ》があれば、さらに心強いと思うのだけれど……？

「そんなもの、最近できたルールやで！　ですね」

伝統だ、歴史だ、といっても所詮は戦後ルール。すなおさんの説明は、リアルの世界でも簡潔だった。

着物警察なんて、怖くない！

アンティークファン垂涎《すいぜん》の立体コレクション

京都から東京に戻ってまもなく、私は文京区にある竹久夢二《たけひさゆめじ》美術館を訪れた。着物警察について、もうひとり話を聞きたい人がいたからだ。

昨年（二〇一九年）の夏、同館で『アンティーク着物万華鏡―大正～昭和の乙女に学ぶ着こなし―』という展覧会が開催された。これは竹久夢二や高畠華宵《たかばたけかしょう》をはじめとする、大正から昭和にかけて活躍した抒情画家たちが描いた女性たちの着物コーディネートを紹介したものだ。

これを見て、私は当時の着こなしに驚いた。大正から昭和初期に描かれた着物ファッションは、ハイセンスで新鮮で自由で、今どきの着物警察が見たらぶっ飛びそうなコーディネートばかりだったからだ。

なかでも見ごたえたっぷりだったのは、絵画のなかのファッションを実物の着物や帯、小物類を使って再現する企画だった。帽子やヘッドドレス、サンダル、ブーツ、手袋、ネックレス、レースのショール、スパンコールのバッグなどを取り入れた和洋折衷コーディネートは、当時まったくめずらしいものではなかったことがわかる。登場しない現代のアイテムは、ブレスレットとピアス（これは当然か）くらいだろうか。ストラップのハイヒールに膝丈の着物の胸元を盛大に開けてワンピース風に着るなど、絵画のなかとはいえさすがに斬新すぎてギョッとするものもあった。

この展示に興味を持ったきっかけは、広告で使われていた〝着物警察なんて怖くない！〟のキャッチコピーだったのだ。

なぜこのコピーを使ったのか？　展示企画を担当した、学芸員の中川春香《はるか》さんに訊いてみた。

「着物警察という言葉は、二〜三年前からＳＮＳワードで見かけるようになって気になっていました。今どきの着物ルールは、戦後にできた礼装を基準にしたものです。大正や昭和初期の着こなしが今と違うことは、絵画を見てわかっていたので、日常のおしゃれ着にチクチク言う必要なんかないのに、と思っていました。キャッチコピーは、企画の打ち合わせ段階から『こんなのを見たら、着物警察も真っ青だね』などと話し合うことも多くて、それをシンプルに利用しました」

竹久夢二は最新モードの発信源

職業柄、着物文化に関する歴史資料を読みこむことも多い中川さんは、プライベートでも着物を楽しんでいるという。着物に興味を持ったきっかけは、アンティーク着物ブームの火付け役になった『KIMONO姫』（二〇〇二年に祥伝社より創刊）を中学生のときに読み、こんなカワイイ着物があったの！　と衝撃をうけたことだったという。

年齢と好みから、着物警察の標的になりやすそうだが、中川さんも遭遇経験があるのだろうか？

「町中で会ったことはないのですが、お茶をやっているときは『帯揚げはこんなに出しちゃダメよ』とか、教えていただくこともありました。茶道にはルールや決まり事が多く、そこに価値もあるのですが、流派や指導する先生によって違う部分もあるんです。でも自分が習ったことだけを絶対視している人もいて、突然、知らない方から指摘されることがありました」

着物には、ピシッと着付ける美しさもある。でも、それしか正解がないという考えに遭遇すると「違うな、と思います」と言う。

そんな中川さんは、『アンティーク着物万華鏡』で着物を美術品や工芸品ではなく、ファッションとして見せることに力を入れた。

「竹久夢二は美人画や抒情画で有名ですが、今の若い世代では知らない人もいます。絵の中の着こなしを立体的に見せることで、絵画が自由でおしゃれな着物コーディネートのお手本に利用できることに気づいてほしかったんです」

展示を見てなにより驚いたのは、絵とそっくりな着物が実在していることだった。立体展示でコーディネートされた着物は十数着に及び、まるでこの企画に合わせて特注したように見えるものもあったが、すべて大正から昭和初期につくられた本物のアンティーク着物だという。

「これだけの着物を揃えるのは、そうとう大変ですよね。どうやって探したんですか?」

「来館した方にもよく言われたんですが、実は探すのは意外と難しくなかったんです。描かれている着物は、当時の本当の流行を反映した実在するものだったので。私自身も、足利《あしかが》市内のアンティークショップなどに足を運んだのですが、探してみると似たような色柄の着物が複数出てきたこともありました」

グラビア写真などなかった時代、雑誌に掲載される美人画や抒情画は最新モードの発信源だった。画家たちは、デパートや有名呉服店から「ウチの最新作を描いてほしい」と依頼されることもあったという。また人気画家の描く着物や帯を参考に、新しい色柄の反物が商品化されることもあったそうだ。

夢二をはじめとする美人画、抒情画というのは、フワフワした夢の世界のイメージが強かったが、実はファッションビジネスと直結していたのだ。

大正から昭和初期というのは、日本人のおしゃれがもっとも成熟していた時代だった、と中川さんは言う。

「当時でも、年齢や身分に応じた着物のルールはありましたが、今よりも着物が身近なので、これでないとダメというものはありませんでした。そうした自由でおしゃれな着物文化は、戦争によって断絶してしまったんです」

とうとう〝女帝〟登場!?

その後、昭和三十年代以降に生まれたのが、現在へと続く新しい着物ルールだ。

日本人が再び着物に注目したきっかけは、美智子様のご成婚時の美しい着物姿だった。さらに東京オリンピックでコンパニオンが振り袖を着たことによって、人気に拍車がかかった。同時に、着物人口が激減して斜陽産業になっていた呉服業界が、生き残りをかけて高級路線に突き進んだことで、着物＝高価な礼装になったのだという。

今どきの着物ルールと戦前で、大きな違いを感じるのは半衿の色だ。夢二の時代の半衿は色柄ものが主流で、着物とコーディネートするのが当然のおしゃれアイテムのひとつだった。

だが現代は、半衿の色は白が基本といわれている。レフ板効果を狙いたい、着こなしに抜け感をつくりたい、というときはいいけれど、いつなんどきも白なんて制服じゃあるまいしと思う。

「半衿の基本が白というのは、どこからきたルールなんですか？」

「礼装では白の半衿が基本ですし、フォーマルにもカジュアルにも使えるので、着物を着る機会が減っていくなかで便利だったのでしょう。茶道の影響もあるかもしれません。清潔で、華美でない着こなしが良いとされているので。これも戦後に定着したルールです。亡くなった祖母は、戦後は半衿が白ばかりでつまらないわ、と言っていました」

中川さんの話を聞いて、着物文化をテーマにした著作で有名な近藤富枝《とみえ》も、これとちょっと似た話を書いていることを思い出した。明治時代、本人の母が女学校に通っていたとき、校則で決められた白い半衿のダサさに堪えられず、通学時は好みの色柄のものを重ねていた。校門の二十メートルくらい前になったら半衿をサッと引き抜いて、なにくわぬ顔で登校したというのだ。

今も昔も、女子高生って変わらないのだなぁ。微笑ましいエピソードに和んでいると、中川さんは貴重な情報を口にした。

戦前
戦後

「これは『きもの文化と日本』という本に出てくるのですが、戦後の着物ルールの土台をつくったのは、裏千家十四代家元の長女だったといわれています」

「そうだったんですか！　妙に茶道のルールが幅をきかせているイメージがありますが、まったくの偶然じゃなかったんですね」

「昭和四十年代に出された本がベストセラーになって、その影響が大きかったようです」

インタビューの後、さっそく『きもの文化と日本』をチェックしてみた。

日経プレミアシリーズの一冊で、著者は、東京大学名誉教授で国際経済学者の伊藤元《もと》重《しげ》氏と、株式会社やまと代表取締役会長の矢嶋孝敏《やじまたかとし》氏。対談形式で、着物文化に関わる社会、経済事情について論じ合う内容だ。

それによると、昭和四十五（一九七〇）年に『冠婚葬祭入門』という本が出版されている。著者は塩月弥栄子《しおつきやえこ》という裏千家の家元の娘で、日本の核家族化が進むなかで世間のしきたりやマナーの正解を示して、大ベストセラーになったという。その後、昭和四十七年に『きものの本』が発売された。

『きものの本』には、茶道の決まり事をベースに、着物を着るうえでの事細かな注意事項が書いてあるという。その数、なんと三百九十個！

いったいどんなルールなのだろう？

怖いもの見たさの好奇心はあったが、手にとる勇気はなかった。なにしろ『きもの文化と日本』著者の矢嶋氏も「これを読んだら、さすがに嫌になると思う（笑）」と発言しているほどなのだ。着物ビジネスの最前線にいる人物をそこまで萎えさせるとは、これぞ着物警察の女帝と言うべきか。

私ごときが対峙《たいじ》できる相手ではない。これ以上は触れるまい、と思ったのだった。

あえて探した不動のルール

自由すぎる姫君たちの着こなし

着物の国についてあれこれ調べていると、もれなく顔を出すのが伝統文化という言葉だ。セットといっても大げさではなく、私は長らく、心のなかで〝常連の御仁〟と呼んでいた。

日本の歴史と深く関係する衣服なのは事実だが、やっかいなことにこの御仁が登場すると妙に堅苦しくて面倒な空気になる。そのたびに、この界隈には数えきれない不動ルールが山のようにあるのだろうなぁ、という思いにかられて遠い目をするばかりだった。

しかし、着物は昔の日本人にとって日常着だ。社会的な身分に沿った着こなしやルールはあったのかもしれないが、それも時代によって変化していたはず。昔の日本人は、どんな風に着物を着ていたのだろうか？

そう思ったとき、手にしたのは『カメラが撮らえた幕末三〇〇藩　藩主とお姫様』（「歴史読本」編集部編・新人物文庫）という本だった。

幕末のお姫様たちの着こなし

❶胸元の襦袢が盛大に出ている

❷袖口から襦袢が見えている

❸手はなるべく袖のなかに隠している

❹着物も帯もシワ多め

❺帯は水平ではない

❻帯揚げは左右対象ではない

これはタイトル通り、幕末維新を生きた徳川家や松平《まつだいら》家をはじめとする各藩主と、奥方や姫君たちの姿を記録した古い写真を集めた本だ。登場するのはいずれも名家の子女ばかり。当時のアッパー層の女性たちの優雅な着こなしを拝見、と思ってページをめくってみてビックリした。

まず目についたのは、胸元だった。着物の前合わせが、極端に浅いのだ。V字の下が帯のラインギリギリなので、白い襦袢が盛大に露出している。着物は肩から落ちまくりで、胸の半分くらいが襦袢という人もいる。

裾はおひきずりスタイルなので、おはしょりも存在しない。帯の位置もかなり下のほうで、人によっては締め上げが弱いのかガバガバして見える。

複数の写真を見た印象では、全体的にユルッと、ズルッと、なかにはグシャッとした感じ。こんなのでいいの？　着物警察がいたら、ひとり残らず取り締まりの対象になりそう……というのが正直な感想だった。

でもこの本に登場するのは、由緒ある家柄の女性たちで、写真撮影を意識したものだから、当然〝恥ずかしくない格好〟であったはず。時代が変われば価値観も変わるものだが、それらは現代の着物の着付けや着姿の基準とはあまりにかけ離れていた。

今なら炎上？　飛鳥時代の美女たち

当時と現代の着物をくらべてみると、共通点は主に三つしかない。

それは着物の形状と帯を巻くところ、もうひとつは衿合わせの方向だ。右側の裾がヒラヒラする〝右前〟という呼び方の着方で、これは男女ともに共通だ。性別で衿合わせが変わると勘違いする人もいると聞くが、それは洋服の世界のことで、なんだかちょっとややこしい。

夏祭りや花火大会、成人式、卒業式の季節になると、衿合わせが左右逆になった着付けが非難の対象になることもある。本当に間違えてしまう人もいるが、鏡越しの撮影で左右が逆転した着姿が誤解されてしまうこともあるのでやっかいだ。

衿合わせが逆になるのは、死に装束（あるいは白装束）の着付けで、不吉だとか縁起が悪いと言う人もいる。葬祭を連想させるとあれば、成人式や卒業式などお祝いの席にふさわしいとはいえないから、衿合わせの方向だけは、絶対に間違えてはならない不動のルールと考えたほうがよさそうだ。

しかし日本の歴史をさかのぼってみたら、予想もしていなかったことが判明した。昔の日本人は、なんと今とは逆の衿合わせをしていたのだ。

奈良にある高松塚《たかまつづか》古墳の女子群像は、飛鳥《あすか》時代の日本の風俗を描いた数少ない絵画のひとつとされている。発見された一九七〇年当時は、古代史上まれにみる大発見といわれ、国宝に指定された。〝飛鳥美人〟のニックネームを持つ四人の女性が描かれた色鮮やかな壁画は、歴史の教科書にも登場するのでご存じの方も多いだろう。

その飛鳥美人たちは、今とは逆の左側の裾がヒラヒラする〝左前〟の着付けをしているのだ。

ちなみに壁画の発見当時は、七世紀末から八世紀はじめのものと推定されたが、二〇〇五年の発掘調査で六九四~七一〇年の古墳だということが確定している。飛鳥美人たちは、おそらく宮中に仕える女性たちだから服装にも気を配っていたはず。つまり今から千三百年以上前の日本人にとって、今とは逆の衿合わせが正解だったといえるのだ。

唯一の不動ルールと思っていたことさえ覆されてしまうとは、ああ、伝統文化って何なのだ。それがいつのまに、今のような〝右前〟になったのだろう?

ここから先は、専門家に訊いてみるしかない。

思いついたのは、明治大学教授の清水克行《かつゆき》先生だった。

知られざる史実を現代社会の出来事にオーバーラップさせて紹介するなど、わかりやすい解説がテレビなどのメディアで大人気の歴史学者だ。専門は日本中世史で、室町時代から戦国時代の社会史を研究している。大学ではユニークな講義が人気で、毎年、大教室から卒論ゼミまで満員御礼状態だという。

夫が仕事でご一緒させていただいた縁で、何度かお会いしたことがあったが、気さくで優しいお人柄でメディアや学生からの人気にも納得。万が一トンチンカンなことを訊いても怒ったり呆《あき》れたりしないで、つきあっていただけそうなムード満点の方だと思った。その印象のとおり「着物について、歴史的な背景を訊きたいんです」と連絡したところ、快諾していただけたのだ。

日本最古の着付けルール

さっそく飛鳥美人の衿合わせについて訊いてみると、清水先生はいきなり驚くべきことを口にした。

「あの絵画に描かれている女性たちの衿合わせが現代と反対なのは、歴史学者のあいだでも事実として認められています。ただ当時は、左右どちらでもよかったようです」

「え、決まってなかったんですか？」

これはあまりに想定外。日本の伝統文化もここまでさかのぼると、かなりフリーダムだ。というよりも原点は異国のものだった。

「今のような衿合わせになったのは、中国の影響です」

あらゆる面で日本に影響を与えた国なので納得できるが、驚いたのは予想以上にカッチリと決められたものだったということだ。

「奈良時代だった七一九年に、衿合わせを男女ともに右前にするよう、定められています」

そこまで正確にわかるとはビックリだ。ちなみにこれは、飛鳥美人の時代からわずか十数年後の話だ。

清水先生によると、この事実は『続日本紀《しょくにほんぎ》』に書かれているという。これは『日本書紀』に次ぐ、我が国二番目の国家編纂《へんさん》による公式な歴史書で、奈良時代の出来事が年を追って記述されている。

「この『続日本紀』の養老《ようろう》三（七一九）年二月三日のところに〈初めて天下の百姓をして襟を右にせしむ〉という記述があります。百姓というのは、全国民という意味です。時の天皇は元正《げんしょう》天皇で、その朝廷が衣服を右前にすることを全国民に命じたことが、この記録からわかります」

「そこまではっきりしているんですね！　ということは、これは七一九年から現在まで続く日本最古の着物ルールと考えていいんですか？」

「そういうことになりますね」

清水先生は、きっぱりとうなずいた。

あまりの年月の長さに気が遠くなるけれど、これだけは伝統文化のなかの不動のルールと断言してもよさそうだ。着物の右裾がヒラヒラする〝右前〟のルールは、約千三百年も続くものだったのだ。

ちなみに、これについてインターネットで検索すると、奈良時代の法律について書かれた『養老律令《りつりょう》』に記述されているという情報が複数出てくるが、それは俗説だと清水先生は言う。

「インターネットではよくあることです。おそらく奈良時代に右前が法制化したという情報から、奈良時代の法といえば『養老律令』だから、そこに書かれているはずと連想されたのでしょう。『養老律令』に関しては『令義解《りょうのぎげ》』という注釈書もあるのですが、私が確認したところいずれにもそうした記述はありませんでした。衣服を右前に着ることが法制化されたことを示す典拠は、『続日本紀』養老三年二月三日条と考えて間違いありません」

いずれにしても、千三百年の重みは半端ではない。この事実を知ると、さすがに衿合わせだけは間違えてはならないと思う。

とはいえ、これはあくまで中国の習慣を単純に取り入れたものだ。法律で定めたのは、日本が国というものを強く意識すると同時に、先進国の人々に軽く見られないためなど外交上の目的も大きかったのだろう。

清水先生は、衿合わせが法制化された後の話もしてくれた。

「七五二年に、東大寺の大仏の完成を祝う開眼供養がおこなわれていて、そのときの礼服の実物が正倉院に保存されているのですが、そのなかには〝左前〟のものもあるそうです。国家の一大イベントの時でさえ統一されていなかったことからもわかるように、数十年は右前と左前の混用が続いていたようです」

衿合わせというのは習慣だから、浸透までかなり時間がかかったようだ。

ところで衿合わせを逆にする、白装束のルールはいつ誰が決めたのだろう？

「それについては、はっきりわからないんです。関連する史実資料もありません。あの世とこの世は違うという意味で、あえて衿合わせを逆にしたと推測することしかできないですね」

現代の日本では縁起が悪いというけれど、それも約千三百年前に決まったルールを前提にした習慣が、いつしか定着したもののようだ。

清水先生によると、もともと左前に着ていた地域は少なくなかったという。朝鮮半島の北部から中国にかけて領土を持っていた高句麗《こうくり》も、長らく左前だったのが後に右前になっている。

「北海道のアイヌの人々も、幕末の頃から本土の影響で左前から右前になりました。琉球国では、明治時代以降も長らく右前と左前を交互に着ていたようです。理由は、そのほうが汚れや傷みが目立たないから」

「なるほど。暑いところでは、そのほうが合理的ですね」

汗をかきやすいエリアでは、たしかに理にかなったスタイルだ。

いにしえの庶民が何枚も着物を持っていたとは思えないし、洗濯だって大変だ。汚れをゴシゴシ落とせばそれだけ生地が傷むし、日差しの強い土地では片方だけ合わせて着ていたら、色あせで左右が違ってきてしまう。

ともかく着物の衿合わせを右前にする、ということだけは日本の伝統文化といってもいいようだ。法律で定められたというのも説得力がある。

でもそれは、衿合わせを間違えた人をバッシングの対象にしていいという意味ではない。なぜならその成り立ちを見れば、左前も伝統文化の一環なのだから。もしそんな人を見かけたら、目くじら立てず「ドンマイ！　今日は飛鳥美人だ」と心のなかでエールを送りたいと思った。

第3章

なにかと不便で面倒なのだ

半衿の真実

やる気を阻む針仕事

半衿が、かなり楽しい。

そう思ったのは、着物の国を歩きだしてまもなくのことだった。

すでに書いているけれど、半衿とは、着物の下に着る襦袢の衿につける布のこと。面積にするとわずかではあるが、ここに何を持ってくるかで着物の印象がガラリと変わるのだ。

世の中には白の半衿しかないと思いこんでいた私にとって、それは嬉しい発見だった。ポップな変形水玉や怪しげな花柄、モスクのタイルを連想させるアラベスク模様、オトナ楽しい動物柄、透け感が美しいレース生地など、色柄も素材もよりどりみどりだ。

いきなり帯を何本も揃えるのは金銭的に厳しいが、半衿はそれほど負担にならないところも初心者に夢を与えた。高価な市販品もあるが、要は百センチ×十五センチ程度の好みの生地があればいいのだ。着物を着るなら、半衿をとっかえひっかえしてみたい！

これをやらなかったら、着物の楽しみが半減どころか無いといっても大げさではない。そう思ったほどだった。

それだけに、半衿の真実を知ったときは衝撃をうけた。なんと、ひと針ずつ縫い付けなければならないのだ！　その瞬間、耳の奥でピアノの不協和音が響き渡った（ご存じ、あのガーン！　という効果音デス）。てっきりマジックテープなどで、ササッと付ければいいものだと思っていた。こんなに手のかかることなのに、やって当然のようにいうのだから着物の国は恐ろしい。

私は、もう何年も前からボタン付け以外の針仕事を完全に放棄していた。裁縫用ボンド万歳！　針に糸を通したのは、いつのことだっけ？　それなのにまさかこんなことが待ち構えているとは、これは着物をかじって一番ショックな出来事といっても大げさではなかった。

しかし、この多忙な現代社会で、誰もがチクチクやっているとはにわかに信じ難い。今どきはちょっと調べれば、たいてい素晴らしい裏ワザがあるものだ。

そう考えてインターネットで検索してみると、上位ヒットのなかで目についたのは「波打たない半衿の縫い方」という動画だった。思いきりチクチク縫う内容ではあるが、かなりの人気のようだ。

どうやら半衿というものは、気を抜くと波打つものらしい……。

動画のタイトルを見て、私はそのことに初めて気がついた。調べてみると、特に目立つのは衣紋を抜いた首の後ろ側で、なるほど衿の内側の生地がムニムニと波打っている。一方、波打たない半衿は、生地がたわむことなくスッキリしている。どちらがカッコイイかは、初心者にも一目瞭然だった。

ちなみに、これは二〇一九年五月くらいの話で、第2章「着物警察を撃退する方法」に登場する、着物ユーチューバーのすなおさんの存在を知ったのは、この動画がきっかけだった。二〇二〇年八月時点で二十九万回（二〇二四年七月現在、八十九万回）以上再生されている。

動画の説明はとてもわかりやすく、見ていたらできそうな気がしてきた。針仕事は気が進まないものの、とにかく一度やってみることにした。手順に従ってチクチク進めてみると、予想していた以上にスッキリ、シャッキリした半衿が完成した。着物に合わせてみるとなかなかカッコイイ。さすがは人気動画だ。

でも、と思った。これを毎回やるなんて、やっぱりムリだ！　完成させるまでは、まだいい。だがこれをほどくことを考えたら、とてもモチベーションが保てない。せっかく上手に付けた半衿なら、永久保存したいと思うのが人情だろう。

なんとか、針仕事をしないですむ方法はないものか。

思い浮かんだのは、仕事机の引き出しのなかにある両面テープだった。事務用品だが、布の端でためしてみたら程よく粘着するし、剝がした後も問題はなさそうだった。しかし、波打たない半衿を一度でも見てしまうと、どうにもムニムニが我慢できない。検索するとクリップやスナップで止める方法も紹介されていたが、盛大にウェーブしていて検討の余地もなかった。

波打たない最大のポイントは、布を引っ張りながら針を進める〝絎縫《くけぬ》い〟だ。特に重要なのは首の真後ろのところで、中心から左右十五センチほどのところを細かく絎縫いで仕上げていく。そうすることによって、内側に曲げても生地がたわみにくくなるという原理だ。

一方、これ以外のところの縫い方はそれほど厳密ではなく、動画のすなおさんも「ざっくり縫えばいいです」と説明していた。というわけで、私は左右十五センチだけ頑張ることにした。主要ポイントを絎縫いしたら、あとは事務用両面テープで貼り付ける作戦だ。

しばらくしたら、半衿用両面テープというものが存在していることに気がついた。これなら生地の傷みを心配することもなく、万事解決だと思った。

色柄コレクション作戦

しかし、やはり毎度の針仕事は手間がかかりすぎる。着物で出かける時間は確保できても、その前に仕事や雑務に追われてしまい、半衿の付け替えにまで手が回らない。色柄ものだけに、毎回同じというわけにはいかないし、着たい物にもマッチしない。

着物の国の人々は、半衿問題をどうやって切り抜けているのだろう。

担当編集者のYさんに訊いてみると、きっぱりと答えた。

「私は、半衿は白しか使いません。付け替えるのが面倒なので」

かつて半衿は、自分で付けるものだったらしいが、最近の襦袢は白い半衿が付いた状態で売っているものも少なくない。綿や麻、化学繊維のものなら、そのまま洗濯機に入れることができる。そうすれば針仕事に煩わされることもなく、Yさんは、もう二十年以上もそうやって着物生活をおくってきたという。

白の半衿は、教科書的で保守的なイメージしかなかったけれど、実は忙しい現代人が着物ライフをおくるための現実的な選択なのかもしれない。

着物によってはシンプルな白もいいけれど、色柄の半衿と着物の組み合わせというのはほぼ無限大で、そこには抗い難い魅力がある。初心者といえども、今さら白一色の世界に戻ることはできそうになかった。

そこで思いついたのは、複数の半襦袢を利用する方法だった。

半襦袢というのは、腰くらいの長さの襦袢のこと。裾よけと呼ばれる腰巻き式の下着とセットで使うもので、二部式襦袢といわれることもある。ネットショップで探してみると、レビュー評価の高い綿素材のものがあった。お値段は一枚三千円ほどで、四枚購入して、それぞれにお気に入りの半衿を付けておいて、あとは着物に合わせて選ぶだけにしたのだ。

我ながらナイスアイデアだと思ったら、すでにインターネットでも紹介されていた。付け替えの手間なく色柄半衿ライフを楽しむことを考えると、着地点はこのあたりなのだろう。

季節は初夏から猛暑の日々へ、そして厳しい残暑まで、半襦袢は洗濯も楽で重宝した。しかし、秋も深まってくると事態は一変した。着物が秋冬用になると、これまで活躍していた半衿がシックリこない。季節が変われば、着物の色味や生地の質感も変わる。衣替えと同じように、半衿を付け替える必要が出てきたのだ。

でもそのときの私には、すでに絎縫いをする気力は残っていなかった。左右十五センチだけ頑張る決心も含めて、あれは事始めにありがちな勢いだったのだ。

思い出したのは、半衿用両面テープのことだった。できれば、これだけですませたい。

取り扱い説明書が入っていたが、私の能力では〝波打たない半衿〟が付けられるのかどうかも判断できなかった。

パッケージには、あづま姿株式会社という社名が書かれていた。それを見て、ふと思った。

このテープを開発した人に、使い方のコツを教えてもらえばいいのだ。

着物を着続けていくかぎり、衣替えとともに半衿の付け替えはずっと続く。半衿用両面テープを使いこなす方法を習得すれば、永遠に針仕事に思い悩む必要もなくなるはず。両面テープのノウハウを探るため、あづま姿株式会社の本社がある大阪府吹田《すいた》市をめざした。

時短グッズの開発者を直撃

「この会社は、主に着付けに必要な和装小物を扱う専門メーカーです」

と言うのは、あづま姿株式会社商品部・企画室室長の井上悦子《えつこ》さんだ。

かつては異業種で事務職をしていたが、趣味ではじめた着物があまりにも楽しくて、一級着付け技能士の資格を取るほどのめりこんだ。まもなく縁があって同社に入社して、以来二十五年にわたり商品の企画開発を担当してきたという。

「和装小物といっても幅が広いのですが、当社で扱うのは着物を着たときに表に見えないもの全般、と考えていただければいいと思います」

井上さんに同社の商品カタログを見せてもらうと、五十ページにも及ぶボリュームに圧倒された。帯枕《おびまくら》や前板《まえいた》（帯板《おびいた》）、腰紐などオーソドックスなものから、着付けをラクにするために開発されたベルト類や理想の着物体型をつくる補整具、素材や縫製にこだわった和装下着など幅広い。

「帯板だけで六ページ……、六十種類以上もあるんですね！」

「使う方の好みは本当に様々で、それぞれに愛用者がいらっしゃるんです。廃業したメーカーさんの商品を要望に応じて復活させることもあって、いつのまにか数が増えてしまいました」

折り畳んでコンパクトに収納できる帯板、スマホが入れられるポケット付きの帯板など、便利でユニークなものも揃っている。同社は、ユーザーの声を取り入れたオリジナル商品の開発に力を入れているが、驚いたことに、井上さんが入社するまで企画開発を担当する女性社員はいなかったという。

これは同社に限ったことではなく、和装業界は男性が圧倒的に多い。商品知識が豊富であれば仕事としては問題ないのだろうが、ユーザーの着付けに関する悩みを実感するのは難しいだろう。

そもそも自分で使ったこともない商品を売るというのは、どんな気持ちなのだろう。仕事と割り切れば、さして気にならないのだろうか。私が着物の国は遠いと感じる理由は、こうしたところとも関係しているのかもしれない。

それだけに着物好きが高じて、この業界に入った井上さんが手がけた商品には、なおさら期待が高まる。なかでも「半衿用両面テープ」は、ご自身の希望を集約した商品だという。

「私も完璧を求めて、一時間もかけて縫っていたことがありました。でもあまりに大変なので、どうにかならないかと考えていたとき、裾上げテープを見て、半衿専用のものを開発しようと思いついたんです」

井上さんが特にこだわったのは、半衿を引っ張りながら付けられる粘着力を持ちながら、生地を傷める心配がないという点だった。

「つまり、この半衿用両面テープがあれば、波打たない半衿ができるということですね」

「もちろんです！」

井上さんは力強くうなずいて、さっそくやり方を見せてくれた。それは、つぎのような方法だった。

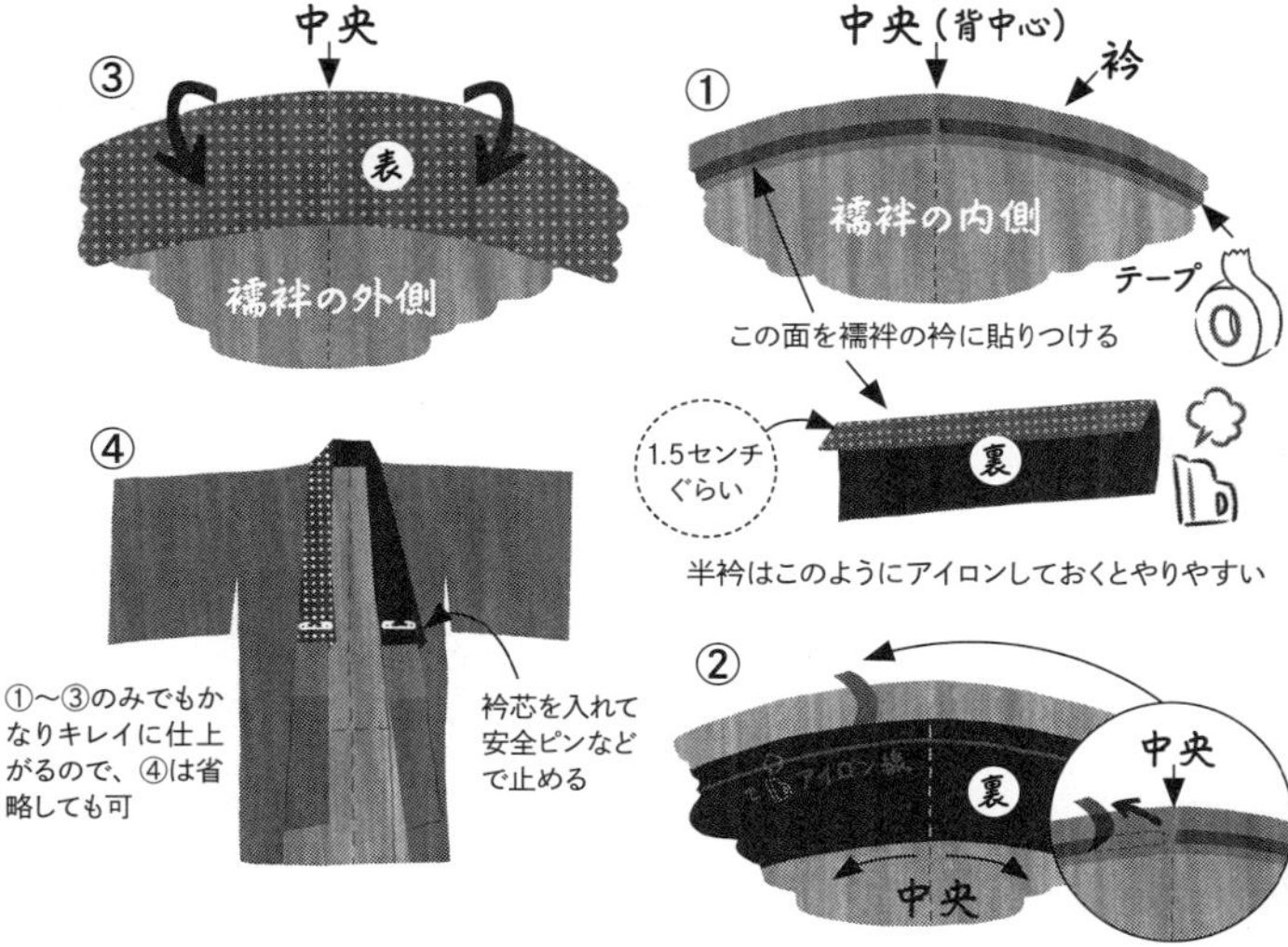
①
中央（背中心）
衿
襦袢の内側
テープ
この面を襦袢の衿に貼りつける
1.5センチぐらい
裏
半衿はこのようにアイロンしておくとやりやすい
②
アイロン線
裏
中央
中央
③
中央
表
襦袢の外側
④
①〜③のみでもかなりキレイに仕上がるので、④は省略しても可
衿芯を入れて安全ピンなどで止める

①襦袢の衿の内側下部に、中央から左右に向かってテープを貼る。
②中央から左右十センチのエリアの半衿をギューッと真横に引っ張りながら、五ミリくらいずつ付けていく。ほかの部分は普通に付ける。
③襦袢の外側の衿にもテープを付けたら半衿を外側にひっくり返し、生地がたわむくらい緩く付ける。膝の上などを利用するとやりやすい。
④衿芯《えりしん》を入れたら、中央から衿のシワを伸ばしながら位置を決めて、片方の端を安全ピンか糸で止める。衿芯の反対側も同様に固定する。

「衿芯を安全ピンで止めるワザは、初めて知りました。ピシッと仕上がってますね！」

「この手順を入れると衿芯が動かないので、カーブに沿って生地を引っ張ることができます。プロの着付け師や婚礼関係の着付けをする人のあいだでは、ポピュラーなテクニックです」

婚礼でも使えるとはスゴイ。つまり衿芯と半衿を一体化させて、着た状態に近い形状をあらかじめ作ってしまう技なのだ。

着姿スッキリの衿芯選び

ここでひとつ気になったのは、衿芯のことだった。

同社のカタログには、二十四本もの衿芯がズラリと並んでいた。真っすぐのもの、船底型と呼ばれる緩いブーメランのような形のもの、中央がやや太かったり、細かったり、太さや長さもいろいろだ。帯板と同様に、衿芯だけでこれほど種類があるとは想像もしていなかった。

「形だけでなく、素材や使い心地も違います。硬いものや柔らかいもの、それぞれ愛用者がいらっしゃるんです」

井上さん自身は、プラスチック製の衿芯が好みだという。硬めなのでピシッとした着姿になるところが特徴だが、プラスチックは肩が凝ると敬遠する人もいるらしい。

衿芯って、選ぶものだったか……。

ちなみに私が使っているのは、インターネットで購入した着付け初心者セットのなかに入っていた衿芯だ。選択の余地もなかったことを話すと、井上さんはそれが普通ですと言う。

「襦袢の衿をきれいに抜くためには、とても重要なものなんですが」

「初心者におすすめの衿芯は、あるんですか？」

「真っすぐのタイプより、船底型と呼ばれるカーブしたもののほうが扱いやすいです。衿芯の力できれいに衿が抜けます。カタログの三七六番は人気商品で、硬すぎず、柔らかすぎずで扱いやすいと思います」

そのとき、同行していた担当編集者Yさんの目が光った。

「私、これに変えます！」

今まで、真っすぐタイプの衿芯を使い続けてきたが、なかなか上手く衿が抜けずに苦労していたというのだ。

「二十年以上着物を着てきて、衿芯の選び方を聞いたのは初めてです」

衿まわりをスッキリさせるには、技術だけでなく道具選びも大切なのだ。

「ところで、衿芯に裏表はあるんですか？」

私が訊くと、井上さんは実物を見せてくれた。

「通常は着たときに先端の長いほうが上になるのが表です。でもこうして裏返して使うと、衿を抜く角度が後ろに下がって首の脇に空間ができます。首が短い方、ふくよかな方はこの方法がおすすめです」

「なるほど、角度がかなり変わりますね。裏表は、好みや体型に応じて選べばいいんですね」

衿まわりは、着付けでも最重要ポイントのひとつ。半衿用両面テープのテクニックとともに、スッキリした気分で大阪を後にした。

補整なんてやりたくない

ナチュラルに、こけし

過去の数少ない着物経験のなかには、気分をざわつかせる微妙なものがいくつかある が、なかでももっともテンションが下がるのは、体型補整にまつわるものだ。

洋服はバスト・ウエスト・ヒップのサイズに差があるコカ・コーラの瓶のような体型が理想といわれるが、着物はその反対で凹凸のないこけしタイプが理想とされている。そのため胸はつぶして、ウエストのくびれをタオルで埋める補整が必要になるのだが、なにしろ気分が萎えるのは積極的に寸胴《ずんどう》体型をつくる作業だった。

私の体型は、今も昔も痩せ型だが、スリーサイズの差が小さい寸胴型で、つまりナチュラルにこけしなのだ。つぶす胸もさほどないし、ウエストの曲線もかなりウッスラしているところにタオルを巻くから円周は広がるばかり。こうして完成した着物姿は「なんか、いつもより大きい？」と自他ともに認めるシロモノだったのだ。自分本来の体型が無視されているから、自分が自分でないような感じもイヤだった。

だから、アンティーク着物ショップ『着縁』のオーナー舞さんに着付けを習った際、「うちは補整なしで着られる方法を教えています」と言われたときは、ものすごく嬉しかった。同時に、着物が補整なしでも着られることを知ってちょっと驚いた。

「体型補整をする意味？　最大のメリットは着崩れしにくくなることね。あらかじめ着物に合った体型をつくっておけば、技術がなくてもきれいに仕上がりやすいの。成人式などで着付けをしているところは、途中で着崩れすることだけは絶対に避けたいから、しっかり補整してギュウギュウ締め上げているわよ」

舞さんの説明を聞いて、ナチュラルなこけしにわざわざタオルを巻いた理由がよくわかった。

補整なしの着付けを習ってみると、特に着崩れしやすいわけでもなく、愛犬と散歩をしたり、遊んでもさしたる問題は感じなかった。補整がなければ着付けにかかる時間が短くなるのもいい。

友人に「補整なしで着ている」と言うと、予想以上に「それいいね！」「私も補整なしがいい」という反応が多い。「面倒くさい」「苦しい」「太って見える」のほか、「自分じゃないみたいでイヤ」など、私と同じように感じている人もいた。

それとは逆に「補整最高！」という意見は、一度も耳にしたことがなかった。

着物だって〝寄せて〟〝上げる〟

補整について、なぜこんなにマイナスイメージしかないのだろう。

やらなくてすむなら、それに越したことはないという思いを抱きながら、これほど万人に嫌われる理由もちょっと気になった。

そんなとき手にしたのは『十人十色の「補整」術』（プレジデントムック）という本だった。それによると補整というのは、それぞれの体型の特徴に合わせておこなうとてもパーソナルなもので、理想体型をつくるとむしろホッソリした着物姿になれるという。

ちょっと難しい印象だったけれど、胸まわりの補整方法を解説しているページで、いきなり引き込まれた。着物をスッキリと着るポイントは〝寄せて〟〝上げる〟だというのだ。着物の世界では、バストは〝つぶす〟のが常識ではなかったのか……？

一般的なブラジャーでお馴染みのフレーズが、まさか着物の国でも使われているとは思わなかったので、これには驚いた。今どきの着物の理想体型は、実は昔とは違うのだろうか。でもいくら〝寄せて〟〝上げる〟とはいえ、洋服用のワイヤーブラが着物に流用できるとはとても思えない。

この本を監修したのは、和装肌着メーカーの、たかはしきもの工房代表の髙橋和江《かずえ》さんという人だ。本社は宮城県気仙沼《けせんぬま》市にあり、髙橋さんの母親が五十数年前に創業した京染悉皆屋《しつかいや》からスタートしているという。京染悉皆屋というのは、白生地からの誂《あつら》え（白生地を選び、好みの色に染めて着物に仕立てること）、着物の仕立ての相談、洗濯や染み抜き、サイズ直しなど、とにかく着物に関することなら何でも引き受けてくれる専門店のことだ。髙橋さんは、従来の業務と並行しながら、独自に開発した肌着をはじめとする数々のアイデア商品を世に送り出し、縮小傾向の着物業界のなかで十年間に売上を三倍に押し上げた実績を持つ。

そんな髙橋さんが提案する、理想の胸の行き先はいったいどこなのだろう？

これは気になる……！ というわけでさっそく、たかはしきもの工房に連絡をとった。

「補整をすると太って見える、と思っている方は多いです。でもそれは正しい補整をしていないから。高校生に浴衣の着付けをするときも、ウエストが太く見えると補整を嫌がる子が多いのですが、こうするとお尻が小さく見えるでしょうと説明すると納得してくれます」

髙橋さんは、そう言って笑った。

ほっそり見える理想体型をつくるには、胸元から上半身のラインをいかに整えるかがひとつのポイントになるという。それが〝寄せて〟〝上げる〟なのだが、洋服と着物では何が違うのだろう。

「洋服用のブラジャーは、島がふたつになるでしょう。乳房がそれぞれ独立していると、着物の衿が谷間に落ちて老けて見えるんです。胸が脇に流れたような状態は、老いを感じさせてしまいます」

　胸の谷間が御法度なのは、そういう理由だったのか。胸の肉が脇や背中に流れてしまうと、上半身がご立派な印象になってムダな貫禄《かんろく》にもつながってしまいそうだ。

「着物の場合は、ふたつの胸をひとつにします。乳房を寄せて真ん中が一番高くなるように顎のすぐ下に両方の乳房を持ってきて、できればグラビアアイドルのような極端に寄せ上げた胸をつくるんです！」

　着物の理想体型をつくるためには、サポート力の高い和装ブラジャーが必要だ。特にバストが豊かなタイプの人は、脇から胸全体をしっかりホールドして持ち上げることで、スッキリした着姿になる、と高橋さんは言う。

　また胸まわりが華奢《きゃしゃ》な人は、着物の衿を合わせるところにV字に折ったおしぼりタオルを入れたり、鎖骨の下に折り畳んだキッチンペーパーを入れることで、バストトップが上がった印象になるという。

　この説明を聞いたうえで、もう一度『十人十色の「補整」術』を開いてみた。四人のモデルが、高橋さんの補整によるビフォー・アフターを公開しているのだが、たしかにバストを集めてトップを上昇させることで、スッキリしたシルエットになっている。帯の上に胸がせり出すこともなく、身長も高く見えるのだ。

裾よけは最強の骨盤矯正グッズだった？

補整体験をしたモデルたちのビフォー・アフターで、もうひとつ気になったことがあった。

髙橋さんの補整技術によってホッソリした印象になったのは言うまでもないが、立ち姿そのものも違っているのだ。なんというか、地面に対して真っすぐ立っている印象で、これは気のせいなのだろうか？

「モデルさんは、骨盤を真っすぐ立てています」

髙橋さんは、特に裾よけの効果が大きいという。前にも触れたが、裾よけというのは巻きスカートのようにして利用する和装下着のことで、襦袢の下につけたり、半襦袢と組み合わせて使うものだ。

「裾よけには、お腹や腰まわりの肉をひきあげて引き締めるガードルの役割があります。正しく使えば、骨盤を正常な角度に保ちやすくする効果もあります」

筋力が弱い女性は、骨盤が傾きやすいといわれる。骨盤が前傾すると背中が反ってお腹が前に出やすく、骨盤が後傾すると背中が丸くなり、姿勢にも大きく影響する。裾よけの引き締め効果によって骨盤を真っすぐ立てることができれば、湾曲した背骨が伸びて内側に入っていた肩が開き、肩甲骨が中央に寄るので、スッキリした立ち姿になるという。

裾よけは、お腹や腰を引き締める補整下着であると同時に、腹筋と背筋をサポートする効果のある骨盤矯正グッズだったのだ！

私も使っているが、着物を汚さないためのものという認識しか持っていなかったので、これには驚いた。

しかし、裾よけなら何でもいいわけではないらしい。

「重要なのは生地の素材です。裾よけは、上部と下部に分かれていて、下はお好みでいいのですが、腰回りにあたる上部はさらしなど伸びない生地のものを選んでください」

髙橋さん曰く、つけるときのポイントは、生地の面の力を最大限に利用すること。シワができないように腰回りを包みながら、身体に沿わせて水平に引いていくと骨盤が立った状態に近くなる。骨盤が前傾したり後傾すると、生地が引っ張られて違和感があるため、続けるうちに身体が正しい位置を覚えるという。

「本のモデルさんは、みんなお腹まわりを引き締めています。ただ一般に市販されている裾よけで効果を出すのは至難のワザ。長さや裾まわりともに大雑把すぎるんです」

そんな問題から、髙橋さんは「満点ガードル裾よけ」という商品を開発した。最大の特徴は試作をくりかえして生まれた〝チカラ布〟で、お腹や腰まわりをしっかり引き締める独特の形状をしていて特許取得済みだという。

「身長やお尻の大きさに合わせて、ベストのものを使っていただきたくて」という髙橋さん。同商品はSからLOの六サイズ展開で、特に腰に肉がついている人やヒップが大きい人、腰痛持ちの人から好評を得ているという。

気づけば、着物の補整にとどまらない話になっていた。

人間のカラダは、重力に従って下へ横へと広がりやすく、さらに現代人の多くは前傾姿勢が必須の長時間労働に従事している。まさか着物の国で、現代人が抱えるトラブルを緩和する方法に出会うとは……。これぞ温故知新の発展型と思ったのだ。

なぜこんなに動きづらいのか

履くとシンドイけど、気分があがるハイヒール

自分で着物を着るようになって、あらためて思ったのは、なぜ日本人はこんな不便なものを長らくまとって暮らしてきたのだろう、ということだった。

もっとも、それしか着るものがなければ不便だと感じようもないし、現代でも「着慣れれば、それほど大変ではない」という声も聞く。でもそれを口にするのは、着物の魅力を広めたいなど前向きな意志をもっている一部の人、というのが個人的な印象だ。

たしかに慣れで解決できるレベルのものもあるけれど、洋服にくらべたら圧倒的に不便で、現代社会の仕組みやスピードにあまりにもマッチしていない。

なにしろ、着るだけで洋服の何倍も時間がかかる。外出のときは、普段よりも三十分から一時間近くも前倒しで身支度をはじめなければならない。ようやく準備が完了して、さあ行こう！　と玄関を出ようとしたら、思うように足が前に出ない。パンツスタイルとくらべると歩幅は半分くらいで、どうにも歩きにくい。それが着物の特徴だと頭では

わかっていても、なんだか出鼻をくじかれた気分にもなる。

知人から「踊りをやっている祖母は、着付けが完成したら左右に足を開いて腰を落とす〝股裂き〟をしている」と聞いてさっそく真似してみたけれど、やらないよりはマシという程度だ。

締めつけが苦しいという問題は、腰紐の結び目を身体の中心から左右どちらかにそらすというセオリーによってほぼ解決されたものの、帰宅して着物を脱げば、それなりの解放感に包まれている自分に気づく。

それでは、なぜ着物なんか着るのか？ とこれを読んでいる方は思うだろう。その答えは、ファッションとして楽しいからだ。

すでに書いているけれど、着物に目を向けた理由のひとつは、洋服オンリーのおしゃれに限界を感じたから。昔とくらべれば、年齢を重ねた世代に向けたオシャレなアイテムは増えたが、流行サイクルへの既視感も含め、ファッションに対するワクワク感は下がる一方だ。

ところが着物の国の衣服は、洋服ではあり得ない色や柄、質感の組み合わせで構成されていて、それだけでもかなり新鮮だ。袖を通すだけで非日常感を味わえるうえ、コスプレや舞台衣装と違い、そのまま外出しても社会的に問題が生じることもない。むしろ好意的なリアクションも少なくなく、親切にされたり、いつもよりちょっとだけ丁寧に扱われることもめずらしくない。

着物とは、履いて歩くのはシンドイけれど、身につければグッと気分があがる、お気に入りのハイヒールみたいなものなのだ。

理想の着物は室町時代にあった！

でもやっぱり、もう少しだけ動きやすければなぁ、というのも本音だ。活動的にするためにおしゃれ度が下がる（モンペなど）のは本末転倒だけれど、着物は隙のない姿勢や仕草がサマになるのでけっこう気が抜けない。姿勢が悪くてだらしないのはいただけないと思いつつ、正座が三分しかもたない私は、居酒屋や友人宅でフロアに座るときはいつもゴソゴソと落ち着かない。リラックスした所作が、もう少しサマになる形状であればどんなに楽だったろう。

なんてことを考えていたら、かつてこの国には、私の要望にピッタリの着物が存在していたことが判明した。

それは、室町時代の着物だった。

シルエットはフンワリした感じで、ウエストまわりをラフに絞って、細めの帯をしている。着物というより着物風ワンピースという印象で、ナチュラルな雰囲気がかわいい。

独特な色柄で染め抜かれた着物の丈はやや短めで、足首が見えるくらいの長さになっている。着物の裾の下から別色の下着が覗いていて、それがアクセントになって、とてもおしゃれな印象なのだ。

ネタ元は『日本の女性風俗史』（切畑健《きりはたけん》編・紫紅社文庫）という本だ。これは、昭和五十九（一九八四）年、宮崎友禅《みやざきゆうぜん》の生誕三百三十年記念事業の一環として京都でおこなわれた「染織まつり」を記録したもので、古墳時代から江戸時代まで約千五百年分の歴代女性風俗行列に参加したモデルたちの写真がオールカラーで紹介されている。

彼女たちが身につけている歴代服具は、昭和七〜八年にかけて、当時の一流風俗史家の厳格な時代考証をもとに完成したものだという。その総数は百四十五件にも及び、衣装の地質や文様、染織はもちろん、それに合わせる帯や下着、髪飾り、持ち物などの小物類に至るまで、考査を重ねて完成したものだというから驚くばかりだ。

衣装復元のきっかけは、第一回染織祭が開催された昭和六年のこと。現在の京都の三大祭のひとつ時代祭《じだいまつり》の服装行列が、当時は支配階級の男性のものだけだったことから、染織祭では庶民の女性たちが登場する大衆行列を企画しようという声があがったのだ。このときは服飾の調査研究や調製が容易ではないという理由で延期されたが、わずか二年で復元された各時代の衣装は、当時の京都に集結した優秀な人材と技術の集大成といわれている。

室町時代の着物

染織祭そのものは昭和二十六年以降おこなわれていないが、現代になって歴代女性風俗行列の再現が可能だったのは、第三回染織祭が開催された昭和八年に、服具をはじめ着装や結髪、持ち物や小道具について詳細に記述された『歴代服装図録一』が刊行されていたことも大きかったようだ。

昔の日本人の衣服といえば十二単《ひとえ》くらいしか思い浮かばなかったが、これを見ると各時代の女性たちが、どのような服装をしていたのかはっきりとイメージできる。着物それぞれが美しいだけでなく、重ね着や帯との色合わせ、ヘアスタイルから、髪飾り、小物にいたるまでトータルコーディネートされたポートレートは見ているだけで楽しく、日本史ガールズコレクションと呼んでも大げさではない圧巻の内容なのだ。

説明を読むと、室町時代の衣服は、どうやら町で物売りをする女性たちのものらしい。裾が短めでフンワリと広がっているので、裾さばきが良く活動しやすそうだ。いいなぁ、これ。このスタイルが現代まで伝わっていたら、もっと着物を気軽に着られたのに、と思うと残念でならない。

これを見ていると、当時の女性たちは意外と活発に振る舞っていたような気もしてくるが、実際はどうだったのか？　詳しく知りたくなってきた。

町娘のカワイイ仕草に隠された秘密

再び連絡したのは、第２章で登場していただいた明治大学教授の清水克行先生だった。室町時代の市井の人々の暮らしといえば、先生の専門研究分野そのものだからだ。

それにしても現代まで残っている着物は、なぜこうも動きにくいのだろう。まずは、そこから訊いてみることにした。

「僕は着物の専門家ではないので……」

とはいうものの、学生とのゼミ合宿で浴衣を着るときは「基本的な指導はしています」とさすがは日本史の先生だ。指導とは、具体的にどんな内容なのだろう。

「主に歩き方ですね。衿元がはだけたり、着崩れるのは、歩き方が原因です。右手と左足を同時に前に出す西洋式の動きは現代人には自然ですが、歩くたびに身体がねじれるので、着物にはむきません」

では、どうやって歩けばいいかというと、正解は〝なんば歩き〟だという。これは右手と右足を同時に前に運ぶ歩き方で、昔の日本人独特の身体の動かし方だ。畑で鍬《くわ》をふるうのに適した動きなので、農耕民族の特徴ともいわれる。現代でも相撲や剣道、柔道など武道の世界では、なんばスタイルが継承されている。

「でも現代の大学生に、なんば歩きをしろとは言えないので、上半身を動かさないように、腕を振らないようにして歩きなさい、と説明します。すると、わりと上手くできるんです」

さらに清水先生は、時代劇でよく見るシーンについても説明してくれた。

「町娘が、よく胸の前で両手をにぎって急ぐシーンがありますが、あれも理にかなった走り方です。手の位置を身体の中心に固定しないと、昔の日本人は足を速く動かすことができなかったんです」

「そうなんですか！　あれって、女優さんをかわいくみせるための単なる演出だと思っていました」

「かわいらしい仕草ですが、見た目だけの演出じゃないんですよ」

「そういえば時代劇のお城の一大事の場面などで、両手を腰の脇につけた家臣がササ〜ッと移動していますね」

「あれも、当時の日本人独特の所作です。ところで火事などの命に関わる災害がおこって必死に逃げなければならないときは、どうしていたと思います？」

江戸の町は大火が多かったと聞くし、日本は昔から自然災害も多いから、それは切実な問題だ。でも、考えたこともなかった。

「当時の日本人は、両手を上にあげて走っていたんです」

「えー⁉　それは無理でしょう」

あまりに予想外で、ちょっと笑ってしまった。

両手をあげて走るなんて、体幹ブレブレになってむしろ逃げおくれてしまいそうだ。それなら町娘のポーズを死守して足を動かしたほうが、よほど生存率は高まるのではないだろうか。

しかし、清水先生は、ふざけているわけではなさそうだ。

「本当ですよ！　その様子は当時の絵画にも描かれています」

バンザイポーズでダッシュなんて、私にはとても無理だ。着物を身につけて暮らしていた昔の日本人の身体能力の方向性が、現代人のものとどれだけかけ離れていたかジワジワと実感できた。

「明治時代になって世の中のテンポが早くなるのに合わせて、日本人は西洋式の身体の使い方を導入していきました。それまでこの国には、腕を振って行動をスピードアップさせる方法がなかったんです」

誰もがなんば歩きをしていた世界というのは、おそらく現代に暮らす私たちが想像するより、もっともっとスローテンポなものだったのだろう。

正座なんて、誰もしていなかった

ところで本題は、室町時代のファッションだ。

袖丈は短めで、ベルト風の美しい帯でウエストマークした着物は、上半身、下半身ともにフワリとした感じに着付けられていて、抜け感のあるラフな雰囲気。重ね着風なデザインがかわいいし、機能性の面でも現代の着物よりよほど現代社会にマッチしているような気がする。

私がお気に入りポイントについて説明すると、清水先生はうなずきながら予想外のことを口にした。

「当時の着物は、今のものよりもかなり幅広につくってありました。なぜなら女性でもあぐらをかいて座っていたので、着物の裾がゆったりと広がる必要があったんです」

「え、あぐらだったんですか⁉」

「あるいは、立て膝です。韓国の歴史ドラマでよく見る、片足はあぐらでもう片方の膝を立てた座り方です」

着物なら正座をするのがあたりまえと思いこんでいた、というよりほかの発想がなかっただけに、これには驚いた。

「十二単の時代も含めて、江戸の初期まで、日本人は女性もあぐらをかいて座っていました。大河ドラマなどで戦国武将の妻が正座をしていますが、史実としては間違いなんです」

正座は足の関節などに悪そうだし、三分しか続かなくても、まあいいかと思いながらも、できないことでそこはかとないコンプレックスを抱いていた。でも、こうした事実を知ると、心から和む。そもそも日本人は、正座なんかしていなかったのだ。

「日本人が正座をするようになったのは、茶道が浸透してからのようです。徳川家光の時代あたりから、正座のほうがかっこいい、上品に見えるということで広がっていったようです」

ということは、もし茶道がなかったら、千利休《せんのりきゅう》があれほど影響力のある男でなかったら、現代の着物はこれほど堅苦しくならずにすんだということなのだろうか……？　などということを考えていたら、清水先生が江戸初期に描かれたという絵画を見せてくれた。

茶屋か何かの店先では、女性が正座で接客をしている。しかし、その奥の家族や従業員と思われる人々が集っている部屋では、男女ともにあぐらをかいて寛《くつろ》いでいる様子が細かく描かれていた。

仕事などの正式な場ではフォーマルな所作を貫く一方で、自宅や休憩所ではユルリとする。マナーや仕草をオンとオフで使い分けるのは、現代人の感覚とまったく変わらない。

清水先生は、テレビの時代劇で監修の仕事をすることもあるというが、戦国武将の妻たちがあぐら座だったという話を聞くと、ドラマを史実に近づけることなどそもそも無理な話なのだと思う。

ちなみに二〇二〇年のNHK大河ドラマ『麒麟《きりん》がくる』では、当時の座り方を再現した演出が話題になったが、これは、あぐらとは違う座り方だった。それについて清水先生は、ドラマのなかで再現している〝片足正座・片足立膝〟も間違いではないという。

「当時の肖像画を見ると、高貴な身分の女性はあのような座り方をしていたことがわかります。ただそれと同じくらい、庶民の女性を中心に〝片足あぐら・片足立膝〟も普及していました。『麒麟がくる』では、すべて〝片足正座・片足立膝〟になってしまっているのが問題です。実際の戦国時代の女性たちは〝本当のあぐら〟〝片足あぐら・片足立膝〟〝片足正座・片足立膝〟の三種類を混用していたのではないかと思います」

清水先生は、史実に沿った演出の難しさについて説明してくれた。

「お歯黒も含めて、現代の美意識とは大きな違いがあります。戦国武将の妻役はたいてい有名な女優さんなので、事務所が許可しません」

しかし、そんな清水先生にもチャレンジのチャンスがあったという。

　それはかつてNHKで放送されていた『タイムスクープハンター』の監修をしていたときのこと。この番組は、要潤《かなめじゅん》と杏《あん》がメインキャラクターの歴史番組で、歴史の表舞台には出て来ない市井の人々の風俗を毎回ドラマ仕立てで紹介するものだ。

「あるとき〝うわなりうち〟という、中世の女性たちの喧嘩をテーマに番組をつくることになったんです。その打ち合わせでディレクターから、普段の時代劇ではできないリアルな要素を入れたい、と相談されました。時代劇を見ていて違和感のあることは何ですか、と訊かれて真っ先に思い浮かんだのは、女性の正座でした」

　時代劇に登場する女性は、おしとやかで上品なイメージばかりが重視される。しかし、この回は喧嘩がテーマなので、勇ましいセリフにもピッタリではないか、ということで出演する女優陣にはあぐらで座ってもらうことになったのだ。

「でも放送を見て驚きました。足が丸見えでかなりセクシーなことになっていて、あれには焦りました」

　所作はリアルにしたものの、準備できる衣装はいつもの時代劇のものしかなかった。つまり現代の着物と同じく、正座しかできない形状だったのだ。

『麒麟がくる』で〝片足正座・片足立膝〟なのは、衣装の都合もあったのだろう。

　現代の着物の原型は、江戸時代の中期に幅広の帯が誕生したあたりのものらしい。帯が太く豪華になれば重いし、動きづらいし、コルセットと同じ効果もあるからあぐらで座るのはむしろ難しくなってしまう。どんどん非活動的な衣服になっていきながらも、当時の日本人は、正座となんばの所作を徹底させることで着こなしていたのだろう。

現代の着物は、どこから検討しても、現代人の生活にマッチしない衣服なのだ。椅子席が増えて楽ができるぶんだけ、欧米化はむしろラッキーなのかもしれない。

不便で面倒な要素を乗り越えるためには、心の底から「大好きだ！」と思えるコーディネートがスイスイ思いつくように、センスを磨くしか方法はなさそうだ。

暑さ寒さも我慢の限界

汗だくで着物デビュー

着物がいかに現代にマッチしていないものか、感じる点はいろいろあるけれど、特に声を大にして言いたいのは「とにかく暑い！」ということだ。

私が着付けを習ったのは、二〇一九年のゴールデンウィーク前後のことで、初めて着物で外出した、いわゆる着物デビューは五月末だった。当日は朝から晴天で、気温は上昇し続けて昼過ぎには最高気温三十二・六度という夏日になった。着付けが完成したときにはすでに汗だくで、予約した店への道すがら風に吹かれれば気分はすっかり夕涼み。結果的には、犬連れで飲むには悪くない日だったが、来るべき夏を考えると不安を抱かずにいられなかった。

地球温暖化という言葉が、日常会話で使われるようになって久しい。三月末に雪が積もる年もある一方で、今の日本の気候は年間六～七か月は夏服が必須で、特に真夏の猛暑は危険と隣り合わせのレベルだ。

しかし、着物の国には、そんなことはどこ吹く風のルールがある。日本の四季を着物や帯の色柄を通して感じることは、風流ありユーモアありでなかなか楽しいけれど、実行するとなるとまた話は別だ。

なにしろ戸惑ったのは、季節によって何を着るかキッチリ決まっていることだった。着物には大きく分けて三種類あり、十月から翌年五月までは「袷《あわせ》」と呼ばれる裏地の付いた着物、六月と九月は裏地なしの「単衣《ひとえ》」、七月と八月は透け感のある生地で仕立てた「薄物《うすもの》」を着ることになっている。つまりカレンダーに合わせて区切られていて、現代の日本でこのルールを守ったら、初夏や残暑の季節は大変なことになる。

こうしたギャップが生まれるのは、衣服の役割はもともと防寒がメインだったからだと思う。昔の日本の住居が風通しのいい造りになっていたのは、疫病対策に有効だったためだが、同時に感心するのは、当時の人々がたいした暖房設備もないなかでよく寒さに堪えられたということだ。

そう思って調べてみると、かつての日本人は厳冬期になると袷の着物に真綿を入れた綿入れにして、春になるとそれを取り出して袷に戻し、さらに気温が上がると裏地をはずして単衣にして着ていたという。

何枚も着物を持てなかった庶民は、一枚の着物を加工してスリーシーズン対応していたのだ。真夏はさすがに暑いので浴衣や薄手の生地のものが必要で、こうなると季節がめぐるたびに針仕事をしなければならない。大家族ならけっこうな大仕事になるので、進行の目安になる日程表が必要だ。おそらくそれが現代の着物ルールとして残ったのだろう。

愛犬も太鼓判！　天然素材の気持ちよさ

だから本来の決まり事が、現代の気候と合わないのもムリはない。とはいえ特に近年の猛暑は深刻なので、着物の国の人々のあいだでも「少しくらい、ずれてもいいのでは」とルール厳守の風潮は薄れてきていると聞く。

これを知って最初に思ったのは「少しって、どのくらい？」だった。なにしろ着物の国の人々は、油断ならない。「気軽に楽しみましょう」などと言っておいて、入国したとたん複雑怪奇なルールをかかげてくるのだから。実際には四、五日程度ずれたところで、何の解決にもならないだろう。

などと、最初はいろいろ思いめぐらせていたが、天気や気温は切実な問題なので、そのうちなし崩しになっていった。

第1章にも書いたように、私が着物デビューした五月末に着用したのは、浴衣兼夏着物（薄物）で本来は七、八月のものだから、カレンダーを基準にするとかなり前倒しで着ていたことになる。それでも汗だくだったので、これは真剣に暑さ対策を考えなければならないと思った。

まず注目したのは、涼しい素材の代表といわれる麻だった。

第1章の〝アフリカ着物に呼ばれた〟イベントで出会ったアンティーク着物は、大胆な柄行きとサラサラとした肌触りが気に入って即決した猛暑対応アイテム第一号だ。持ち帰ってためしに着てみると、ややゴワゴワした感じだが、いかにも風通しのよさそうな天然素材らしい心地よさがあった。

印象的だったのは、愛犬マドの反応だった。

この着物を着て椅子に座っていたら「膝に乗せて〜!」と、前肢を伸ばしてきたのだ。抱っこで乗せるとしばらく顔をスリスリして、やがて気持ち良さそうな寝息をたてはじめた。

ソファなどに座っていると横にくっついてくることは多いが、膝の上で眠るなんてめったにない。普段から洗いたてのタオルや日に干した毛布など、ラグジュアリーなアイテムには目がないマドだが、麻織物の魅力をいち早く察知して積極的に味わうとはさすが! 愛犬の穏やかな寝息を聞きながら、良い買い物をしたという思いが高まった。

その後、購入したのは麻の襦袢だった。夏用の襦袢として昔から定番らしいが、最近は冬でも暖房の効いた電車や屋内で汗をかくことが多いので、一年を麻の襦袢で通す人もめずらしくないという。自宅で洗濯できて乾きも早く、洗うたびに風合いが柔らかく変化するのもいい感じだ。

そのほか夏用の帯、清涼素材の化学繊維セオアルファの足袋も手に入れた。その後、襦袢の袖がないほうが涼しいと聞いて、筒袖の半襦袢も利用した。その結果、涼しさの相乗効果はあったはずだけれど……それでも暑いものは暑かった！

いくら涼しい素材とはいえ、着物は洋服にくらべて布の重ね具合が半端ない。気温二十五度前後になれば、洋服なら下着プラス半袖シャツ一枚でちょうどいい。ところが着物になると、下着の上に襦袢を着て腰紐を結び、さらに伊達締めという着崩れ防止の簡易的な帯を巻く。そこに着物を重ね、腰と胸元を紐で固定したらここでも伊達締めを巻く。

決定打は帯で、女性の場合はたいてい胴体に二周まわす。こうして一番布が重なったところは十枚近くにもなってしまうのだ。言うまでもなく腹まわりの通気性は、ほぼゼロだ。

腰紐までカウントするのはどうなの？　と思う人もいるだろうけれど、腰紐は広げて使ったほうが効率がよく痛くない。それだけに着物を脱いでみるとたっぷり汗を吸っていて、たった幅三、四センチであっても保温の方向性で大活躍していることがわかる。

さらに帯にシワが寄らないようにする帯板、着こなしのアクセントになる帯締めや帯揚げを追加すれば、保温力はさらにアップしてしまうのだ。

猛暑だけど快適

涼しさを追求するなら、身につけるアイテムを少なくするしかない。

その代表は浴衣で快適さはダントツだが、自分がいざ着てみるとちょっと腑抜けた感じで、さすがは元祖・湯上がり着だと思った。かつてはこれで屋形船に乗ったこともあったのだが、この違和感は何だろう。おそらく年齢とともに、シンプルな白いTシャツとジーンズだけでは格好がつかなくなるのと同じなのだろう。近所のコンビニくらいならいいけれど、このまま電車に乗るのはかなり抵抗がある。高級浴衣なら違うのかもしれないが、手持ちのものは襦袢なしで着るのはムリで、和装というのは、衿まわりがどれだけ重要かをあらためて思い知った。

こうして本格的な夏へ突入していったのだが、予想外に快適に過ごせる日もあった。さて、ここで問題。それは、つぎのうちでどれでしょう?

①七月三十日　晴れのち曇り／最高気温　三十三・六度
②八月十日　快晴／最高気温　三十四・四度

③九月二十八日　晴れのち曇り／最高気温　二十九・六度

答えは、②の八月十日。

二〇一九年のこの日、日差しの強さは尋常ではなく日傘は必須だったが、覚悟していたほどではなかった。その理由は湿度だ。朝から抜けるような青空で気温はぐんぐん上がっていたが、空気がカラリとしていたので肌がベタつくこともなく、駅のホームで電車を待っているときなど、抜いた衿や袖口から入る風が気持ち良かった。

残り二日は、記録に残る汗だくデーで、特に③の九月二十八日は着物で出かけたのを後悔したほどだった。カレンダーのルールは完全に無視して、①と②と同じく夏着物だったが、待ち合わせのレストランに到着したときには、前髪から汗がしたたり落ちるほどで、友人に大笑いされるわ心配されるわで、残暑ってなぜあんなに身体にこたえるのだろう。

これはあくまで個人的な感覚だが、過去に着物で外出したときの快適・不快の境界は、気温二十四度・湿度七十五パーセントが、ひとつの目安だ。

気温はそれほど高くなくても、湿度が高いと着物の汗だく度はあきらかに上昇する。その反対に、三十度を超える真夏日でも湿度が低ければ快適で、梅雨時期には気温二十二度・湿度九十パーセントなんていう日もあるが、モワッとヒンヤリした独特の気候ではサラリとした素材が予想以上に気持ちよかったりするのだ。

冬は小物でほぼ解決

ちなみに着物をかじって丸一年間で、単衣の着物で出かけたのは一度きりだった。十月三十日のことで、天気は快晴、最高気温二十二・七度、湿度は正午で五十九パーセントだった。カレンダーから約二か月ずれていたが、麻の襦袢にパリッとした紬《つむぎ》の単衣の着物は、暑くも寒くもなく実に快適だった。

しかし、最近の日本の秋は短い。約十日後の十一月九日は、最高気温が十七・四度、最低気温は十一・三度となり、袷の着物に薄手のショールを羽織っていた。

ここから先は、晩秋から冬、厳冬期に突入していくのだが、夏にくらべると冬はビックリするほど楽だった。なにしろ帯の保温力がすごい！　基本的な寒さ対策は、ヒートテックのインナーとスパッツでほぼ解決できる。真冬は袖口から入る北風をロング手袋で阻止して、首まわりはマフラーでカバーして、ショールを厚手のものにすればコートも必要なかった。

足元は足袋の下に履ける防寒和装ハイソックスを導入したら、ほとんど冷え込みも気にならない。草履や下駄《げた》をショートブーツに履きかえれば、さらに暖かい。着物とブーツの組み合わせは、若い着物ファンのあいだで和洋折衷コーディネートの基本として人気だが、冷えから身体を守れるこのスタイルは、中高年のカジュアル着物にこそおすすめだと思った。

今どきの異常気象のなかで一年間、着物を着てみて考えたのは、何を着るかは気温や気候に応じてその都度、自分で決めるほかないということだった。

これはあくまでカジュアル着物の話で、フォーマルのルールを厳守したい人はそうすればいいと思う。

とはいえ実際の気温をあまりに無視した着物選びは、本人だけでなく見る人にとっても辛《つら》い。だからやっぱり、ムリは禁物なのだ。

第4章
キモノ業界は謎ばかり

無料着付け教室のナゾ

人気女優のギャラはどこからくるのか

着物の国に足を踏み入れるとき、着付けをどこで習得するかというのは、わりと重要な問題だと思う。

第1章にも書いたように、私はアンティーク着物ショップのオーナーからマンツーマンで習ったので、一般的な着付け教室とは無縁のまま今に至っているが、それにしても気になるのは無料の着付け教室の存在だ。

初回体験レッスンが無料というのではなく、受講料がすべて無料、あるいは毎回ワンコイン程度の格安料金で、まったくの未経験でも自分で着物が着られるようになるまで教えてくれるのだという。

これはボランティアによる普及活動なのか？

しかし、そうではないと思うのに数秒もかからないのは、広告があまりに華やかだからだ。写真は美しく、キャッチコピーや説明文は簡潔、デザインは優雅な雰囲気で、どこから見てもプロの仕事の集大成。なかには、人気女優をイメージキャラクターに起用している教室もある。

受講料もとらずに、広告制作費や人気女優の莫大《ばくだい》な出演料をどこから捻出しているのだろう？　経済の仕組みに詳しくなくても疑問に思う。常識的に考えれば、着物をバンバン売りつけでもしないと、とても成立しないだろう。

なかには「着物販売はいっさいしません」と明記している教室もあるけれど、本当だろうか。それとも着物は販売しないけれど、帯や草履、バッグなどの和装小物の販売で利益を得ています、という意味なのだろうか。謎は深まるばかりだ。

各教室のサイトでカリキュラムを見ると、初心者コースが六回から十二回くらいで構成されていて、そのなかには「親睦会」「産地見学会」「販売会」などの文字が並んでいる。

おそらくこれは、カモネギ会なのだろう……。教室というのは閉鎖空間だから、出入り自由な店頭とは勝手が違う。こちらはズブの素人なのに、百万倍も着物の知識がある人々にかこまれて、褒められ、諭され、脅され続けたら抗戦のしようもない。今どき新品で着物を買う人の九割以上がカードローンを利用するなかで、無い袖は振れないなどと言ったら、むしろ相手の思う壺《つぼ》だ。

なんだか、想像するだけで怖くなってくる。

販売会と書いてあるのは、むしろ正直で好感が持てなくもないが、カリキュラムの一回分になっていて、これはレッスンでもなんでもない。ためしに某教室に「興味のあるところだけ参加可能か」と問い合わせたら、参加条件は全回出席という回答だった。

ゼロから四時間で覚えたこと

いずれにしても、時間と曜日が決まった教室に十回前後も休みなしで通うのはスケジュール的に厳しかったので、下北沢のアンティーク着物ショップ『着縁』のオーナー、小田嶋舞さんに個人レッスンをお願いしたのだ。

レッスンは一回二時間で、受講料は三千円。未経験者でも三回で着物を着て名古屋帯でお太鼓結びができるようになるという内容だ。しかし、帯結びは手軽な半幅帯を希望したため、合計二回の四時間で終了した。ゼロからスタートして、自力で着物を着て外出できるレベルに達するとは、自分でもちょっとビックリだったので、その内容を紹介したい。

使うものは着物と襦袢と帯のほかは、衿芯一本、腰紐三本、伊達締め二本の三アイテムというシンプルさだ。

初回は襦袢の着方からスタートした。下着類は各自がインターネットなどで調べて好みのものを着ればいいというスタンスで、練習は服の上から羽織るスタイルなので、補整もしない。衿合わせ、衿の抜き方、腰紐の結び方など一連の手順を何度かやりながら説明してもらったら、「ここまでを自分でできるまで練習してください」と言われ、その場で反復練習に入った。

襦袢を脱いで、もう一度襦袢を羽織り、衿の位置を決めたら、腰紐で固定するという作業を五回、十回、黙々とくりかえすのだ。そのあいだ、舞さんは店の仕事を進めているのだが、要所ごとに「紐はもっとしっかり締めて」「衿合わせはココを意識して」「今回は良くできている」など、アドバイスやコメントをくれる。

そんな調子で練習を続けていると、どうしてもできないところ、コツがつかめずスムーズに進まないところが自分でもわかってくる。それについて質問すると、再度説明をしてくれたり、迷っているポイントを指摘してくれたりする、という具合だ。

こうして数十分の自主練タイムを経て「ここまでは大丈夫そうなので、つぎの段階にいきますね」という感じでレッスンが進んでいく。着物を着る技術を習得するには、簡潔で無駄のない内容だった。

しかし、マンツーマンのレッスンというのは、どんなに講師が親切で優しくても、それなりの緊張感をともなう。私は、習い事で格好つけてもお得なことはひとつもないと思うタイプだが、たった今習ったばかりのことを目の前で練習するという状況に、気づけばかなりの冷や汗をかいていた。

舞さん本人が「私のレッスンは、けっこうスパルタだから」と言うのもまるきり冗談ではない雰囲気で、習う側としては「なにはともあれ、やってみるのだ！」という気合いが必要だ。習い事がまったく初めてとか、超受け身の性格、極度に緊張しやすい人などには、このスタイルはちょっと難しいのかもしれない。

そんな調子で、襦袢の着方を習得したら、つぎは着物だ。肩に乗せるように羽織り、着物の左右を均等にする方法と、腰から下を整える方法を説明してもらう。再びの反復練習タイムを経て、一回目のレッスンが終了した。

「ここまでの内容は、次回までに練習しておいてね」

舞さんの言うとおり、せっかく習ったのに忘れたら意味がない。

一度しまいこんだら出すのが億劫《おっくう》になるばかりなので、襦袢と着物、腰紐をハンガーにまとめて、仕事コーナーの一角につり下げていつでも手に取れるようにした。毎日は無理だったが、仕事の合間に一日二〜三回ずつ練習した。

二回目のレッスンは、約三週間後だった。一回目の復習を兼ねて、習ったところまで着てみる。自主練のおかげで問題なくクリアしたので、約一時間で着物の上半身の整え方を習い、残りの一時間で半幅帯の結び方を教えてもらった。

「これで完成。カジュアルシーンなら大丈夫よ。あとは、どんどんお出かけして、慣れていってね」

舞さんのレッスンが終了した。予定通りの四時間はあっという間だったが、初めてづくしの内容で密度の濃い時を過ごすことができた。

やったー！　私は、しばし喜びと達成感にひたった。それと同時にアノ疑問が再燃した。

一般的な着付け教室では、初心者コースが六回から十二回のレッスンで構成されているが、そんなに長い時間をかけて何を教えているのだろう？

「私が教えている事と、基本的には同じよ。内容を小出しにしているから、時間がかかっているだけ」

たしかに有料教室であれば、回数が多いほど安定収入が期待できる。

「着付け教室って、簡単に着られないように教えているの。だって簡単に着物が着られるようになったら、商売あがったりでしょう」と舞さんはバッサリだ。

生徒の数が多ければ、レッスンの進度がスローになるのはある程度は仕方ないが、ようやく着られるようになるまで三か月もかかるなんて、気が短い私にはとても無理だ。

でもなかには何か月かかってもいいから、とにかくゆっくり教えてほしいという人もいるのかもしれない。着物についてすべて習ってからでないと外に行くのはイヤという人、マンツーマンは緊張するのでグループレッスンがいいという人、自宅で自主練する時間がまったく確保できない人、あるいは教室に通うことそのものが、息抜きや気分転換になっている人にとっては、むしろ意味があるのだろう。

買うしかない仕組み

有料着付け教室のビジネスモデルがうっすらとわかってくると、ますます気になるのは無料着付け教室のカラクリだ。

その後、調べてみたところ、運営元の多くが、着物販売業者だということがわかった。特別な筋の情報ではなく、各教室を運営する会社の公式サイトの業務内容を確認したところ、呉服販売、和装関係の売買仲介、和装の仕立て、メンテナンス業などの記載があったのだ。無料および格安着付け教室の運営費や派手な広告の制作費をささえているのは、どうやら教室に通う生徒が購入する着物や和装小物らしい。

とはいえ、今どき無料で人を集めておいて、押し売りのような販売方法を貫くことなどできるのだろうか？　国民生活センターや各消費者センターによる注意喚起もあり、万が一購入しても、一定期間内であれば無条件で解約できるクーリング・オフ制度も広く認知されている。インターネット社会で、炎上でもしたら一巻の終わりなので荒っぽいことはできないだろう。

着付け講師から購入を勧められたり、勉強会と称する販売会に連れていかれたとしても、強い意志を持って挑めば、無料教室で着付けの技術のみを習得するのは不可能ではないような気もする。

しかし、敵は何枚も上手だった。無料着付け教室の生徒のなかに、サクラがまぎれていることもあるというのだ。舞さん曰く、これは着物業界ではよく知られた手口。ドキドキしながら習い事をはじめて、同じ教室で友人ができれば楽しいし、なにかと心強い。回数を重ねるごとに仲良くなった相手が、産地見学会や販売会で「こんなに良いものが安く買えるなんてラッキー」と言いながら、目の前で着物や帯を購入していたら、警戒心も財布の紐も緩むだろう。

実際に着物をかじってみて、この状況だったら買ってしまうかもしれない、と思うことがもうひとつある。それはサイズの合う着物を持っていない場合だ。着付けの世界では、自分のサイズにぴったり合った着物、つまりお誂えの着物ほど楽でキレイに着られるといわれているのだ。

新しい着物が欲しい人は、それでもいいだろう。

しかし、着付けをはじめるのは、お下がりの着物やかわいいアンティーク着物がきっかけという人も多いはず。ジャストサイズであるはずはなく、着物の丈や袖の長さが少々足りないこともある。講師に「この着物はあなたに合っていない。きちんとしたサイズの着物を購入すれば、着付け技術も上達する」と言われたら、お誂えの新品着物を検討しないではいられない気持ちになっても不思議ではない。

お誂えほど着付けがラクというのは、どうやら事実らしい。ジャストサイズのものは、着るときに調整や工夫が必要ないので、たとえ着付けの技術や経験値が低くてもキレイに仕上がるというのだ。

しかし、私自身は、経験値が低いぶん完璧をめざしても仕方がないと思っているので、今のところリサイクル着物やアンティーク着物でまったく不便を感じたことはない。

そこからわかった着物選びのポイントは、つぎの四点のサイズがほどほどに自分に合っているかどうかだ。

①着物の丈（身丈）＝身長プラスマイナス五センチ
②袖の長さ（裄《ゆき》）＝手を伸ばした状態で、首の真後ろから手首のグリグリまでの長さ
③着物の前幅二十四・五センチ
④着物の後幅三十・五センチ

ここに書いた③④の数字は平均サイズなので、細身タイプは前後合わせて一〜二セン

着物選び
POINT
袖の長さは
首の真後ろから手首の
グリグリまでよ
着物の丈は
身長＋−5cm
が目安だよ
前幅
後幅

チマイナス、ふっくらタイプは一～二センチプラスを目安にすれば、マイサイズの着物を選ぶことができる。

しかし新しい着物を買ってほしい人々は、絶対にそんなことは教えてくれないのだ。

着物メーカーが暴露する業界の問題

着物業界というのは、なぜこうも黒い話題が渦巻きがちなのだろう。目先の利益を追求するのは勝手だが、これでは自分たちの首をしめるばかり。着物業界の将来を真面目に考えている人にとっては、由々しき問題だと思うのだが、それをどうにかしようとする動きはないのだろうか？

そう思っていたところ、ある会社の公式サイトの記事に目がとまった。

タイトルは「怒りが爆発・着付け教室や呉服店の口コミや評判、クレーム事例集」で、冒頭の文章はつぎのようになっていた。

残念ながら「きもの業界」には少なからず問題点があるようです。特に一般消費者から、売り方についての厳しいご批判には、多くの業界関係者も、その悪評に困り果てているのが現状です。

このコンテンツは、主に一般消費者から着物業界に対する行き場のない怒りや嘆きを受け止める場になっていて、全国各地の呉服店での不快な体験や販売手法、トラブルに関する膨大な数の投稿が集まっていた。

そこには、呉服店で二十代の女性が六名のベテラン販売員に三時間にわたってかこまれたあげく八十五万円のローンを組まされた、勧められた着物を買わなかったら男性店員に逆上されて怖かったなど、これは現代の話なのか⁉　と驚くばかりのエピソードがズラリと並んでいる。一部伏せ字になっているものの、あきらかに会社名がわかるものもあり、思わず読みふけってしまった。

このサイトを運営するのは、染匠《そめしょう》株式会社という着物メーカーだ。本拠地は広島で、昭和七（一九三二）年に丸善京染店という染物屋として創業して、昭和五十一（一九七六）年に現在の社名になった。着物や和装関連小物の販売、きものカルチャー研究所という着付け教室を全国展開している会社だ。

一般消費者による投稿については「信憑《しんぴょう》性について確認する術《すべ》がなく、可能な限り精査するが最終的な判断は読者に委ねる」と断っているが、企業の公式サイトに掲載しているのだから、業界側の人間から見ても荒唐無稽な内容ではないのだろう。

受講料無料のビジネスモデル

　このサイトには「知らないと後悔する着付け教室の話」という、着付け教室に特化したコーナーもある。ここまでザックバランに業界事情を暴露している会社なら、私が抱く疑問についても教えてくれそうだ。さっそく染匠株式会社に連絡をとってみた。

「着付け教室のトラブルの多くは、講師やスタッフによる強制的な着物販売です」というのは、同社広報担当のAさんだ。

　見るだけで勉強になる、コーディネートの勉強をしてほしいなど、着物経験値の向上をたてまえに販売会へ参加させるのが常套《じょうとう》手段。とはいっても、今どき軟禁状態での販売会など法律的にも難しいと思うのだが、それに近いことがおこっているのだろうか？

「過去には遠方までバスなどで行き、見学会のあとに展示販売がおこなわれるケースがあったようです。団体行動なので、ひとりでは帰りづらい環境です」

　Aさんは、熱心な販売と押し売りの区別が難しいのは、生徒のほうも興味ゼロではないからだという。販売目的のイベントとわかっていても、着物が好きで習っていたら、着物や帯を試着してみたいという気持ちを持つのはむしろ自然なことだ。

「ただ、数人のスタッフにかこまれて勧誘や商談がおこなわれますと、見たいだけの人や買う気のない人は、嫌気がさして苦痛となることもあります。人体に装着されますと自分からは簡単に解くことができないので、そのときは恐怖心に変わるかもしれません」

聞いていてゾッとした。

連想したのは、どんなに「いらない」「買えない」と言っても、相手にその声が届かない状況だ。自分では脱ぐことができないなかで、複数のスタッフにかこまれて、ローン返済計画をたてるために電卓を叩かれ続けるなど、まるで拷問かホラーだ。よほど購買意欲がないかぎり、販売会で試着なんかしてはいけないのだ、とあらためて肝に銘じた。

なにより怖いのは、着付け講師が売り手に全面的に協力することだ。初めての販売会で、生徒は引率の先生を頼りにするしかないのに、裏切られた気持ちになるだろう。それとも巧妙な販売マニュアルによって、「せっかく先生が時間をかけて選んでくれたのだから、断ったら悪い」と思わせてしまうのだろうか。

なぜ、無料や格安の着付け教室でこうしたことがおこるのか？

Aさんは、大きな問題点は主にふたつあるという。

「ひとつは、講師それぞれに着物の販売ノルマがあることです。達成できなければ、ノルマが自己負担になるケースもあると聞きます」

もうひとつは、着付け教室の運営にかかる経費をメーカーや卸問屋が負担しているという点だ。

「広告制作費や家賃、光熱費を負担するかわりに、教室運営者にたくさんの生徒を集めてもらい、そこで着物や帯を販売するのです」

無料・格安着付け教室というのは、先行で負担した高額な経費を着物販売で回収するひとつのビジネスモデルなのだ。

「どんな着付け教室も、最初は『押し売りはない』と説明します。でも経費負担をするメーカーや問屋がいる以上は、販売なしに運営は成り立ちません」

こうした仕組みがわかってくると、販売ノルマを課せられる着付け講師もまた、被害者という気がしてくる。

行ってもいい着付け教室

それでは、有料の着付け教室に通えば安心かというと、話はそう簡単ではないらしい。生徒が受講料を払っていても、着付け講師に販売ノルマが課せられているケースもゼロではないというのだ。

同社の公式サイト内で、私がもうひとつ注目したのは、ステルスマーケティングの問題を扱っている記事だ。これは口コミサイトや比較サイトなど、中立的な立場で批評を装い、消費者に宣伝と気づかれないようにした広告宣伝手法で、略称「ステマ」と呼ばれている。

Aさんは、着付け教室を探すとき、口コミやランキングは「ステマではないか?」という意識を持っておいたほうがいい、と話す。

「信憑性をチェックするポイントは、サイトの運営元がわかりやすく明記されていること、運営元をグーグルで検索して事業内容を確認することです。ただし調べてみても、何をやっている会社なのかわからないことも多いのですが」

それでは安心できる着付け教室というのは、どんな条件なのだろう?

個人的には、講師に販売ノルマがないことは、最重要ポイントのひとつだと思う。しかし、Aさんによると「これについては、会社や本人に訊いても教えてくれないので、受講者が確認するのは難しいと思います」と話す。

ちなみに染匠株式会社が運営する、きものカルチャー研究所について訊くと「販売ノルマは一切ありません」ときっぱり。これは会社によるのだろうが、結局のところ「ない」と断言できるかどうかが、ひとつのポイントといえるのかもしれない。

きものカルチャー研究所では、全国からサイトに集まった苦情や悩み、体験談などをもとに「健全な着付け教室とは何か、追求した結果を教室運営に反映しています」とＡさんは言う。

そのチェックポイントをまとめると、つぎのようになる。

①受講料の詳細（入会金、テキスト代、月謝、免状料、受験料）を提示
②コースの期間やカリキュラムの内容を公開
③授業と販売会は別枠で開催。販売会は原則自由参加にしている
④特殊な着付け小物の購入を強制しない
⑤手持ちの着物一枚でコースを修了できる
⑥派手な宣伝活動をしていない

ちなみに取材当時の二〇二〇年、「きものカルチャー研究所」の初等科は、入会金三千三百円、月謝七千七百円（都市部八千八百円）、授業は月四回・四か月、修了試験無料（合格率九十パーセント）となっている（二〇二四年現在は、入会金三千三百円、月謝八千八百円、都市部九千九百円、テキスト代二千五百円。税込）。地方と都市部で月謝が違うのは、家賃を反映したものと容易に想像できて明朗会計な印象だ。授業は初等科の場合、マンツーマンから二名程度の個別指導だという。

「無料やワンコインの着付け教室があるなかで、あまりに高い受講料では生徒が集まらないという厳しい現実があります。低価格で良心的な教室をめざすと、低コストでの運営は欠かせません」

Aさんは、テレビや雑誌など多額の費用がかかる広告は使わない、賃料の高い駅前の一等地のビルなどに教室を出さない、事務処理をITの導入で省力化するなど、低コストでの運営の工夫についても説明してくれた。

「生徒さんは、ご自宅にあった着物やご親戚などから譲られた着物、リサイクルショップで購入した着物など、それぞれお好きなものを利用されています。素材も正絹《しょうけん》だけでなく、ポリエステルや麻、綿など、いろいろです」

あまりに着物の丈が短いなどサイズに問題がある場合を除いて、手持ちの着物で受講可能だとAさんは言う。

こうした着付け教室は、業界全体ではめずらしいのかもしれないが、探してみれば地域密着型のカルチャースクールの着付けコース、小規模経営の教室、個人運営の教室もあるはずだ。ただそうしたところは派手な広告を出さないので、リサーチにはそれなりの手間と時間がかかる。

これは着物をやりはじめて知ったのだが、最近は着付け講師や着物スタイリスト、リサイクル・アンティーク着物ショップのオーナーなどが、SNSを通じて自分の着物姿やコーディネートを公開している。そこから好みの人をフォローして、教室やレッスンの実施について問合せをしてみるのもよさそうだ。

今どきは、ＹｏｕＴｕｂｅを検索すれば「はじめての着付け」「初心者でもできる着付け」などの動画がたくさん出てくる。私自身は、早々に〝親戚のおばちゃん〟問題にぶちあたってしまったので無理だったが、人気ユーチューバーの運営サイトの書き込みを見ると、動画だけで着付けを覚えた人が少なくないこともわかる。ひとまず着てみたいと思うなら、今やリアルな教室にこだわる必要はないのかもしれない。

着物の〝格〟は誰が決めたのか

フォーマルとは距離を置け！

着物の国を探訪し続けて数か月。少しずつ謎が解明してきたものの、なにしろ困りはてていたのは、着物の分類用語がまるでわからないことだった。たとえば「黒留袖」が、結婚式で新郎新婦の母親や仲人が着ているあの着物だということくらいはわかるが、「訪問着」「付け下げ」「小紋」などについては、まったくイメージできなかった。

こうした着物の分類を決めているのは〝格《かく》〟と呼ばれる階級ルールで、着物を選ぶためにはこの内容を大まかにでも理解しなければならないらしい。ちなみに階級が高い順に、上から「黒留袖」「色留袖」「訪問着」「色無地」「付け下げ」「小紋」となっているという。堅苦しい話題は苦手なので、積極的に取り組めない心持ちになるものの謎を放置したままではモヤモヤする。思いきって教科書的な解説本からファッションブック的なものまで、硬軟あわせて十数冊に目を通してみた。

しかし、いくら読んでも謎は解明されなかった。

それどころか内容がまるで頭に入ってこない。その理由は、おそらく数えきれないルールが羅列されるばかりで、なぜそういう決まりなのか根拠が説明されていないからだ。体系的に理解できないため、ページをめくると前に読んだことが頭からスッポ抜けていってしまうのだ。

かろうじてわかったのは、着物の格というのはものすごく複雑かつ曖昧で、万人が簡単には把握できない仕組みになっているということだった。

ものすごく大まかに言えば、その着物はフォーマル仕様なのか、カジュアル仕様なのか、という話らしい。そしてルールブックなどを読むと、着物の国はフォーマルの占有率が異常に高く、浴衣を除くと九割がフォーマルの印象だった。

しかしコーディネート例を見ると、「こんなすすけたような色の着物や帯をお祝いの席で着てもいいのか？」「こんな堅苦しい雰囲気の着物がカジュアルの範疇《はんちゅう》とはどういうことなのか？」など腑に落ちないことのオンパレードだ。着物だけでなく、帯との組み合わせによっても、格が上がったり下がったりするらしく、初心者の頭は混乱するばかりだ。

この際ハッキリ言うと、なにしろ〝格〟という言葉がいやらしい。

今まで長らく着物の国に近づこうとしなかったのは、こうした楽しくなさそうなルールが幅をきかせていることも理由になっている。着物はワードローブのひとつで、いつもと違うおしゃれが楽しめればそれで十分。堅苦しい決まり事はできるだけうやむやにして、なんとか美味しいところだけ味わう方法はないのだろうか……?

そう考えて行き着いたのは、徹底的にフォーマルシーンと距離を置くことだった。

着物のルールは、フォーマル度が上がるほど厳格になる。それならハレの席はすべてパスすればいい。結婚式や式典、一流ホテルの宴会・会食、そのほかフォーマルな着物人口が多そうな催しに参加するときは、洋服しか着ない。そう決めてしまえば、着物ライフはかなりお気楽になる。

この方針に該当するのが〝カジュアル着物〟と呼ばれるものだ。だがフォーマル中心の着物の国では、カジュアルといえどもコンサバなテイストが強く、まだまだあらたまった雰囲気がある。私の好みやライフスタイルにマッチするということでは、いわゆるドレスダウンからさらにくだけた〝カジュアルダウン着物〟あたりが妥当なのだ。そんな着物で出かける先は、友人との食事会や犬連れの飲み会、落語会などで、洋服でいえばパンツスタイルやカジュアルなワンピースが似合う場所だ。

付け下げ
色無地
訪問着
黒留袖
?

訪問着は三越百貨店の〝発明品〟だった

こうして自分の方針が決まって少しだけ心に余裕が出てくると、気になるのは、着物の格は誰が決めたのか？　ということだった。

まず予想したのは、これは親から子へ伝えられるような、自然発生的なものではないということだ。いわゆる〝おばあちゃんの知恵〟は、シンプルでありながら役に立つもの、理にかなったものが多い。しかし着物の格は、何の役に立っているのかよくわからず、複雑で難しくしようとする努力の跡が感じられてならない。

そんなことを考えながら着物の歴史について調べてみたところ、意外なことがわかってきた。たとえば「訪問着」について。第2章にも登場した『きもの文化と日本』によると、これは大正四（一九一五）年に三越百貨店（当時は三越呉服店）が開発したものだという。

多くの人が知るように、大正から昭和初期はモボ・モガの流行をはじめ、日本の庶民が本格的におしゃれに目覚めた時代で、洋装を取り入れるのと同時に、着物にも新しい波が押し寄せた。「訪問着」というのは、仰々しくないけれどワンランク上のよそ行き、という微妙な位置づけの新しいファッションアイテムとして、商業戦略から生まれたものだったのだ。

着物といえば伝統文化が枕詞《まくらことば》のようになっているが、この事実を知れば、かなりイメージは違ってくる。百年という歳月は短くはないが、着物文化を語るうえではたいした時間ではないような気がする。一世紀も前に、マーケットの拡大をめざして新規カテゴリーの開発に成功した三越百貨店のセンスと手腕は素晴らしいが、それだけに妙にナマナマしい。ただし当時は、着物の格という概念は存在しなかったようだ。

それでは、いつからなの？　と思ってさらに調べると、その中核が生まれたのは、現代の着付けルールが生まれたのと同時代の一九六〇～七〇年以降、今から五十～六十年前のことだと判明した。

復興を経てすっかり豊かな時代になったとき、日本人は洋服中心のライフスタイルに完全に馴染み、着物なんか誰も着ていないという状況になっていた。困ったのは着物業界で、なんとか巻き返しをはかろうとして高級路線を突き進むことになり、結果的にこの戦略が大成功したのだ。

高価な着物が飛ぶように売れる一方で、着物に詳しい消費者はいない。着付ける方法をはじめ、この着物はいつどこで着るのか、着物と帯はどうやって選べばいいのか？　質問されれば、誰かが回答しなければならない。その情報発信元になったのは、主に呉服屋、そしてその頃から全国各地に増えていった着付け教室だったのだ。

それって伝統ではないかも

和装文化を絶やしてはならないと、真摯に考える人も少なくはなかったのだろうが、そうでない人もたくさんいたはずだ。なにしろ動いたお金がものすごい。ピーク時の約四十年前には二兆円産業といわれ、大卒初任給が十万円程度の時代に、五十万円、百万円の着物がバンバン売れたという。ちなみに猫ブームで盛り上がっている現在のペット業界でさえ、市場規模は一兆七千億円ほど。当時の京都では、呉服屋が建てたビルが雨後の筍《たけのこ》のごとく増えていったというエピソードを聞くだけでも、羽振りの良さがうかがえる。

こうした〝昭和着物バブル〟のなかで着々と進められていったのが、格という着物ルールの確立だった。黒留袖、色留袖、訪問着、色無地、付け下げ、小紋などランク分けをすれば、シーン別に着物を揃えなければならなくなるので、売る側にとっては好都合だ。

さらにややこしいのは、ランクと値段がまったく比例していないところで、ランクが高いものは値段が高く、ランクが低くても値段は高い。つまり基本的にすべて高級指向なのでお手頃の商品は存在しない、あっても安物とないがしろにされてしまう。わかりやすいのは紬の着物で、普段着に分類されているため、たとえ百万円もする最高級品であっても、結婚式に着ていくことはできないルールがあるという。こうして〝それぞれの階級の恥ずかしくないもの〟を買うシステムがつくられていったのだ。

つまり現代の着物ルールの格というのは、呉服業界が儲《もう》かる仕組みと直結しているのだ。

それは、ちょっと言いすぎなのでは？　という声も聞こえてきそうだが、これについては、着物メーカーの株式会社やまと代表取締役会長・矢嶋孝敏氏も、あれは呉服屋の策略、と『きもの文化と日本』のなかで断言している。さらに、こんなルールは消費者を萎縮させるだけだと主張しているものの、その声が業界内外になかなか浸透しないことを嘆いている。

でもこうした着物ルールは、当時は消費者にとっても必要だったのだと思う。着付けや着物の知識をゼロから学ぶのなら、正解がきっちり決まっているほうがわかりやすくて安心、多くの人が共有するには便利だからだ。呉服屋にとっては高級品を売るための策略だが、正解や安心感、世間体をお金で買えるという点で、おそらく消費者にとっても都合が良かったのだろう。

お楽しみポイントは季節感とユーモア

着物の格が、伝統文化とほぼ無関係なものだとわかると、妙に気が抜けたような心持ちになる。あのそびえ立つような、威厳あふれるイメージは何だったのだろう。洋服と同じようにＴＰＯにほどほど合っていれば、もう完全に個人の自由でいいのではないか？　キチキチとルールに従う必要はないし、その一方で無駄な軋轢《あつれき》を避けるためにあえてルールに従うフリをしてみるのも、ひとつの選択だと思う。

着物をワードローブのひとつとして楽しみたいと考える私としては、〝着物の格は営業戦略から生まれたもの〟、という事実が広く知れ渡ってくれることを願うばかりだ。

それと同時に思ったのは、日本人が昔から受けついできた着物の国の〝お楽しみ〟は、むしろ積極的に取り入れたいということだった。特に意識したいのは季節感とユーモアで、着物ファッションは、花や植物、生き物、趣味に関わるデザインやモチーフが昔から豊富なところがかなり楽しい。

季節感の先取りを重視するのは、もしかしたら呉服屋ルールのひとつなのかもしれないが、取り込まれなければ問題ないだろう。ちょっとお先に！　というところが、堅苦しさから逸脱した雰囲気で心地いい。

中国料理店にパンダの帯留めをして出かけるとか、ユーモアを感じる大人のコーディネートができるのも着物の面白いところ。パーティーの主役やイベントのテーマに関連したものを身につけている人がいると、見ているだけでワクワクしてくる。

着物の声を聞いてみた

今、私の手元にある着物は、主にリサイクルショップやアンティークショップ、インターネットショップで購入したものだ。呉服屋ルールでいう小紋と呼ばれるカジュアル部門のアイテムで、素材は、ポリエステルや正絹、麻、綿などいろいろだが、どれも日常の延長的なシーンで活躍している。

しかし、そのなかで一枚だけ違和感を発する着物があった。

こんなに個性的でカッコイイ着物はない！　と衝撃をうけ、ほぼ一目惚《ひとめぼ》れで購入したのは、紫の地にペンキのようなマット系の染料で大胆に描かれた白線とゴールドの型押し模様を組み合わせた不思議な一枚。おそらくアンティークで、お値段は七千円ほどだった。

デビューさせるのは、ワイン好きの友人たちとの飲み会あたりにしよう。そう思っていたのだが、なかなか着るチャンスがめぐってこなかった。ほかの着物は何度も活躍しているのに、この紫の着物だけはいざ着ようとしても、その場にそぐわないような気がして袖を通せなくなってしまうのだ。

すごく気に入っているのに着るのに躊躇《ちゅうちょ》してしまう、この感じはなんだろう?

ふと思い出したのは、この着物がもとは振り袖だということだった。

インターネットショップで出会ったときは、かわいらしさや娘らしさゼロのこんな振り袖を誂えるなんて、かつての持ち主は、どんな跳ねっ返りで変わりモノの娘だったのだろう、と想像するだけで楽しくなった。しかし、そのままでは着ることができないので、仕立屋さんにお願いして袖を切ってもらったのだ。

あとは出番を待つばかりとなったのだが、チャンスはなかなかめぐってこなかった。

これはどういうことなのかと考えていたところ、やがて着物の声が聞こえた、ような気がした。

フツーの飲み会なんかイヤ。もっと華やかなところに行きたい!

古い着物には何かが宿ることがある、と小耳に挟んだことはあるが、私は霊感ゼロで、スピリチュアルな話も好みではない。でもなぜか、そう聞こえたのだ。もちろんハッキリとした音声ではないが、日常の延長的シーンでは満足できないと訴えられているように感じたのだ。

さすがはもと振り袖というべきか、袖を切ってもなお、ハレの席へ連れていけということらしい。

しかし、私の日常は、どこまでも日常の延長なのだ。振り袖が喜んでくれそうな、お祝いや式典に参加するチャンスなどめぐってくるはずもない。

私のところに貰《もら》われたのも運命と思って、ここはいさぎよく諦めてほしい。しかし、そのそばから、このままではなんだか悪いなという気もしてくる。脳裏には、なぜか飼い主の責任などという言葉もちらつきだして、さすがに園遊会は無理でも、飼い主（持ち主）としてできる努力はしないとダメなのではないか、という思いが大きくなってきた。

華やかで煌《きら》びやかなイベント、何かなかったかな？

そのとき、デスクの引き出しの奥にしまってあったものを思い出した。あるファンクバンドの全国ツアーのチケットで、ようやく抽選にあたって手に入れたものだ。会場は東京国際フォーラムでも最大のAホール。レーザー光線やミラーボール、プロジェクションマッピングなどで演出されるステージはド派手なこと間違いなしで、私の日常のなかでは、最大級におめでたいハレの席だ。

このライブに行ってみない？

ためしに誘ってみたら、スルスルとコーディネートが決まり驚いた。こんなことは初めてだった。

大音量の音楽が鳴り響くホールで、もと振り袖は、なんだか満足しているように見えた。総立ちの客席で歌って踊ってみれば、着物でもさして困らないのもひとつの発見だった。着物でお出かけというと、和の場面ばかりを想定しがちだが、推しのライブはファンにとってハレの場だし、着物ファッションが意外とマッチするスポットだと思った。

それ以来、私は着物や帯の気持ちをちょっとだけ意識するようになった。ショップなどで出会ったとき、私はコレが喜ぶような場所に行くことがあるのだろうか？　としばらく考えてみるのだ。すると、わりとスッキリと答えが出る。

着物の格は、本来は呉服屋ルールではなく、着物そのものが発する何かを反映したものだったのかもしれない。

着物の値段がわかりにくい

威嚇する着物たち

ひとり飲みや海外ひとり旅が好きで、興味があればわりとどこへでもスルッと入っていくほうだが、いまだに足を踏み入れられないところがある。

それは、呉服屋だ。「気軽に入ってもらっちゃ、困ります」とピシャリと言われたような気がしてしまう、やたらと敷居が高いあの感じは何なのだろう。

個人的に一番ダメなのは、着物の両袖を広げて豪華な柄行きにスポットライトをあてたディスプレーだ。あれは威嚇以外の何ものでもない。店の前を通りかかっただけで「ガルルッ」と唸っている着物、けっこういると思うのは私だけだろうか。

そこまでおっかないオーラ、出さなくてもいいんじゃない？　と思うものの、詳しい生態がわからない猛獣と正面から目を合わせるのは危険なので、その場からそそくさと立ち去るしかない。

しかし一番恐ろしいのは、やはり生身の人間だ。立派な暖簾《のれん》の奥で待っているのはおそらく海千山千の着物猛獣使いで、そんなところにド素人がノコノコ入っていくなんて無謀もいいところだ。

そんなことをアレコレ考えてしまうのは、呉服屋の仕組みや取扱商品の正体が不明だからだ。

着物や帯についても、どのくらいの価値があってどのくらいの金額で取り引きされるのが適正なのか、判断材料がなさすぎてサッパリわからない。

さらに判断を狂わせるのは、大幅値引きが日常的におこなわれていることだ。無料着付け教室について解説していただいた染匠株式会社のサイトでも紹介されているように、「着物と帯で八十万円が、今回は特別価格の四十五万円!」という営業トークが日常的に展開されていることを知ると、ますます気が許せない。

定価がはっきりわからない状態から、いきなり半値近い金額を提示するなど、トルコの絨毯《じゅうたん》屋やインドのパシュミナ専門店もビックリの大幅値引きだ。日本は定価販売があたりまえで、値引きはセール期間のみがスタンダードと考えると、それだけで着物の国の異文化性を感じないではいられない。

素人ながら唯一想像がつくのは、半値でも利益はしっかりキープできるということで、ならば本来の値段はどうなっているのだろう。謎は深まるばかりなのだ。

高くてあたりまえの理由

着物はどうして高額なのか？　その主な理由としては、着物人口が激減した戦後以降、業界が高級路線に舵取《かじと》りをして大成功して今に至っているから、ということはすでに書いている。

しかし、最盛期の四十年前に約二兆円といわれた市場規模は、今では当時の八分の一にまで落ち込んでいる。もうとっくに方向転換しなければならないはずなのだが、いまだに敷居が高い商売をしている店があるのは、過去の成功体験が忘れられないからと指摘する人は多い。

でも洋服にくらべて、着物が高価な理由もそれなりにわかる。

特に、絹という上質な天然素材を使っている影響は大きい。今は中国からの輸入に頼っていて国産の絹糸は全体の一パーセントにも満たないといわれるが、輸入品がほとんどでも大量生産できない素材であることに変わりはない。

そもそも着物一枚をつくるためには三千もの繭が必要で、つまりそれと同じ数の命が犠牲になっていると考えると、やはり胸が痛い……。こうした生産の過程を知ってしまうと、すでに市場に出ている反物、リサイクルやアンティーク着物など、せめて今あるものは大切にしたいと思うのだ。

その一方で、今どきは技術が向上して、高品質な化学繊維がたくさん開発されている。有名なのは東レシルックという素材で、お茶席や式典などのフォーマルシーンに対応できる着物にも使われている。

愛用者に着心地を訊いてみると、正絹のなかで一番とろみ感が強い綸子《りんず》と比較するとポリエステル特有のカサッとした感じは若干あるものの、正絹との違いはほとんどわからないという。着物業界のプロなどそうとう目が肥えている人でも、正絹と見分けるのが難しいこともあるというからスゴイ。

一般的なポリエステル着物が仕立てあがりで二万円前後が目安といわれるなか、東レシルックはその倍以上してしまうが、自宅で洗濯可能などアフターケアはとてもお手軽で、総合的に考えると、もう正絹にこだわらなくてもいいのでは、とも思うのだ。

ただし着物が高い理由は、それ以外にもある。

生地を染める作業や仕立てに手間や時間がかかるうえ、市場が小さいので大量生産によるコストダウンができない。浴衣は例外として、着物というのは基本的にファストファッションとは正反対のものなのだ。

それでもなおモヤモヤするのは、衣服のなかでも圧倒的に高額で、適正価格がよくわからないからだ。昭和の着物バブルのノリが細々と続いているムードと言ったらいいのだろうか、高くて当然と開き直り煙に巻いているような感じは、どうにかならないかと思うのだ。

着物メーカーの中の人の話

これについて、率直に訊ける人はいないのか？

思い出したのは、第2章「着物警察を撃退する方法」でお世話になった、着物着付け講師のすなおさんだ。着付け教室を開く以前は、京都の着物メーカーに数年間営業として勤務していた、つまり着物販売の現場をドップリと経験した人なのだ。

「着物って本当に高いですよね。私も大学生のときに買って、ローン返済のためにバイトを三つかけもちしたり……けっこう大変な思いをしました」

すなおさんは、着物が高額なのは流通に問題があるからだという。

「着物や反物が店頭に並ぶまでのあいだには、複数の会社が関わっています」

それは高くなって当然だ。

問屋がすべて不要とは言わないが、なぜいくつも通す必要があるのだろう。しかし明確な答えはないのが、いかにも着物の国らしくて、どうやら慣習なので割愛できないということらしい。

「最近はメーカーの直販も少しずつ増えてきましたが、業界内の相場があるので急激な価格変動はおこりにくいと思います」

なるほど、そういうことになっているのか。昭和の着物バブル時代ほどではないにしろ、高止まり感と不透明感は否めない。

そこでひとつ気になったのは、着物販売員時代のすなおさんの心持ちだった。個人の力ではどうにもならないとはいえ、適正価格をはるかに超えた高額商品を扱う仕事をすることに、どう折り合いをつけていたのだろうか？

「高いものを売っていると意識していたときは、まったく売れませんでした。途中から気持ちを切り替えて、お客様にとって役に立つ情報やアイデアを提供すること、楽しい時間を過ごしてもらうことに集中するようにしました」

その結果、売るつもりがなくても、売上が伸びていったという。押しつけではなく、「これが欲しい！」と心から思える運命の出会いを消費者につないだということなのだろう。

呉服屋が怖い！

これぞ呉服屋の醍醐味ということか。

すなおさんもスゴイが、お客もスゴイ。なぜなら呉服屋の敷居をまたいでいるのだから。訊けば、富裕層はごく一部で、顧客の多くはローンで購入するごく普通の会社員や主婦だったという。店員と楽しくやりとりをして着物を購入するなど、私にはとてもムリそうだ。

私はここで、率直な疑問をぶつけてみた。

「私、呉服屋がめちゃくちゃ怖いんです。でも着物をかじっているなら、一度くらい行ったほうがいいんでしょうか？」

「怖いという気持ち、よくわかります。私も『買わへん』と言ったとたんに対応が冷たくなって、コワ〜と思ったことがありますから」

すなおさんは、呉服屋の販売スタイルの問題点をあげた。

「質問しても、決まりだからと言われて詳細がわからないことが多いし、着物関係のことは複雑なので自分で調べるのも難しいです。アンティークショップやリサイクルショップだけでも、着物を楽しむことはできるので、無理に呉服屋に行く必要はないと思いますよ」

「それでは、あえて呉服屋に行くメリットって何なんですか？」

すなおさんがメリットとしてあげたのは、つぎの三点だった。

その一は、贅沢《ぜいたく》感。特別な雰囲気の空間で、自分のためだけに店員が対応してくれる状況で日常にはない体験ができる。

その二は、着物の知識が増えること。作り手の情報や商品のバックグラウンドなど、豊富な専門知識に触れることができる。

その三は、最新の芸術品を鑑賞できること。呉服屋とは、現代の最新の意匠を凝らしたものが集められている場所なのだ。

着物は芸術品というのなら、いっそのことギャラリーとして公開してくれないだろうか。学芸員さながら専門知識の豊富な店員の説明に耳をかたむけながら、最新着物モードを鑑賞できるとは、ディープな眼福タイムが楽しめそうだ。絶対に営業しないと約束してくれるなら、個人的には入場料を払ってもいいくらいだ。

買わないといけない美術館から、買うこともできる美術館になれば、敷居もぐっと低くなる。

未来型の着物購入スタイル

怖い店もあるけれど、親切なお店もあります、と言うすなおさん。だが着物の値段問題は、消費者サイドに限ったものではないという。

「技術の高い和裁士さんに仕立ててもらった着物は、着心地がよくて余計なシワもできないので、本当に気分よくピシッと着ることができます。でも今の流通・製造システムでは、誰が仕立てたものなのかまったくわからないんです」

和裁士の多くは、和裁所に所属して、そこで振り分けられた仕事をするという働き方をしている。自分の着物を誰が仕立てたのかわからない客と同じように、和裁士も、自分が仕立てる着物の依頼主が誰なのか知る方法はないという。

さらに報酬も、労力や技術力を考えれば、わずかなものだという。どんなに素晴らしい仕事をしても名前が表に出ることはない。それが現在の和裁士の立場なのだ。

「着物は高額なのに、それを作っている人々に還元されていない、ということですか」

すなおさんは、深くうなずいた。

「戦前までは、普段用の着物は自分で仕立てて、特別なものは評判の良い人に頼むというスタイルが一般的でした。本当の意味での贅沢品をつくりだせる高い技術を持つ職人さんに、きちんと還元する仕組みもありました。でも戦後はコスト削減の一方で、付加価値をつけた高額商品を売ることを優先して、作り手への還元率が低いビジネスモデルが定着していったんです」

これは、あきらかに搾取の温床だ。

「でも、この現状を変える方法があるんです！」

すなおさんが、キラキラした目で教えてくれたのは、これまでの着物業界にはない買い物スタイルだった。

「和裁士さんに直接、仕立てをお願いするんです」

「そんなことできるんですか？」

「インターネットのＳＮＳなどから、和裁士さんとつながることができます。まだ少数ですが、公式サイトを開設して個人で仕事を受けている方もいらっしゃいます」

そういう方法もあるのか、と思うけれど一般人にはさすがにハードルが高いような気がする。それでも、

「洋服と違って形状が均一の着物は、正しいサイズさえわかればオーダーは難しくありません。サイズの測り方は、私のＹｏｕＴｕｂｅチャンネルに動画をアップしています」

というすなおさんの説明を聞くと、洋服のオーダーメイドにくらべたら予測不能な要素はかなり少ないこともわかる。

「大事な着物は、ＳＮＳで知り合った和裁士さんにお願いしています。確かな技術がある方で、ピシッと着られる素晴らしい着物ができあがってきます」

すなおさんの着付け教室の生徒さんのなかにも、紹介によって直接オーダーで着物を仕立てた人もいるという。

ちなみに和裁士の世界には、国家資格として認定されている和裁技能士があり、一級

から三級までの三段階が取得できる。和裁所の採用では一級もしくは二級の資格があることが応募条件というところも多い。

個人的にオーダーする場合の仕立て代の目安は、浴衣が一万五千円、気軽なお出かけ着といわれる小紋が二万五千円、フォーマルシーンにも対応できる訪問着が三万五千円程度だという。衣服代として安いものではないが、純粋な労働時間が一日から三日ほどと聞くと、特殊技能の対価として高額ではないことがわかる。

反物をどこで手に入れるのかという問題はあるが、今どきはネットオークションやフリマサイトもある。運命の一反との出会いまで時間はかかるかもしれないが、スマホ片手にそれも一興かもしれない。新品のお誂え着物を呉服屋で購入したら長期のローン返済は免れないが、これなら〝頑張った自分へのご褒美〟の範疇におさめることもできそうだ。

なによりこの方法なら、和裁士が搾取されることなく、消費者も無駄なマージンを払わずに着物を楽しむことができる。

「どの和裁士さんに依頼すればいいのか、一般の方が判断するのは難しいと思います。今後は、私が信頼できる方をご紹介できる仕組みもつくっていきたいと考えています。この方法が広がれば、着物業界はかなり変わるはずです」

着物と楽しくつきあうためのカギは、能動的に選択すること、とすなおさんは言う。

戦後からこれまで、着物のことは呉服屋に任せっぱなしで、内部がどうなっているかもわからない状態になってしまった。しかし今、着物を購入する場所はアンティークショップやリサイクルショップ、ネットショップ、オークションサイト、フリマサイト、和裁士へ直接オーダーなど、実は多岐にわたっている。

着物は高くてあたりまえという過去の常識と決別することは、実はそれほど難しくはないのだ。

リサイクル着物はお買い得なのか

広げた瞬間、塵になった着物

ゼロからの出発は大変だけど、なんだか楽しくなってきた……！

そう感じたのは、母の着物が似合わないと判明してまもなくのことだった。この本の最初にも書いたが、ひとくちに着物といっても似合う、似合わないがあり、私に向くのは上品な色柄の正統派フォーマルではなく、縞模様や大胆な色柄のアンティークなどのカジュアル着物だということがわかった。それなら手持ちの着物は誰かに有効活用してもらおう、と仕事の合間にポツポツと某フリマサイトに出品する一方、自分好みの着物を物色しはじめたのだ。

注目したのはリサイクル着物やアンティーク着物で、これまでまったく知らない世界だっただけに、眺めているだけで夢が広がった。着物のことなどほとんどわからないけれど、カワイイ、カッコイイと思える衣服が次々とあらわれる状況は、実に数十年ぶりだった。

もともと洋服でもユーズドショップを利用することがあったので、リサイクル品への抵抗感はほぼゼロだった。アジアやアフリカなどの海外製品も好んで買っていたので、商品に対してキチキチと完璧を求める気持ちも薄い。モノが気に入れば、多少のシミやキズなど気にならず、なにより自分だけの一点モノに出会えるのが魅力的だった。

だが実のところ私は、リサイクル着物とアンティーク着物の違いもよくわかっていなかった。そして、この着物たちは、どこからやってくるのだろう？

そんなことを訊ける、業界に詳しいプロはひとりしかいない。この道十五年、下北沢に店を構える『着縁』オーナーの舞さんだ。

「リサイクルとアンティークの違いについては、お客さんにもよく質問されるの。この業界では、戦前のものはアンティーク着物、それ以降はリサイクル着物と分類されているわ」

店の営業には古物商の資格が必要で、舞さんが主に仕入れ先にしているのは、首都圏エリアで定期的に開催されるプロ用の市場だという。集まる商品のコンディションは実にいろいろだ。

「あるとき幕末の着物が出品されたことがあって、集まった業者みんなが注目したの。でも手に持って広げたとたん、一瞬で塵になったわ」

着物は長く保存できるといわれるが、永遠不滅というわけではないのだ。

長い袖こそアンティークの魅力

アンティーク着物の特徴は、大正から昭和初期にかけて流行した独特な色や柄、形にある、と言う舞さん。

「特に違うのは袖丈の長さ。現代の着物はすべて四十九センチに揃えているけれど、アンティークはもっと長くてシルエットが優雅なのよね」

私もこれには、激しく同意した。

だが初めてアンティーク着物を試着したときは驚いた。どうしてこんなに袖丈が長いの？　まさか中振り袖？　これ中高年が着てもいいの⁉　など戸惑いと不安がかけめぐった。

アンティークの場合、着物によって袖丈の長さがまちまちなのは、反物を購入して誂えたときに、余りを袖にしていたからだという。袖丈が長いのは、反物にそれだけ余裕があったということで優雅の象徴なのだそうだ。なるほど、それを知るとアンティーク着物がますます魅力的に見えてきた。実際、着てみると歩くたびにヒラヒラする袖は、洋服では味わえないインパクトがある。

しかし、日本が戦争に突入すると、この優雅なシルエットが標的にされるようになった。昭和十五年に贅沢禁止令（七・七禁令）という法令が出され、高価な素材を使用した着物の販売が禁止されると、そこから「贅沢は敵だ！」という強烈な自粛態勢が広がり、やがて着物の袖を切らなければ非国民と言われるまでになってしまったのだ。

「良い着物は、戦争が終わったら着ようと、こっそり隠し持っていた人も多かったみたい。大切な着物を防空壕《ごう》に入れて戦火から守った、という話も聞いたことがあるわ」

と舞さん。

楽しいものや美しいものが無価値になり、破壊されてしまう、戦争ほどつまらないものはない。日本は自然災害も多いから、今こうして流通しているアンティーク着物たちは、数々の困難をかいくぐってきたものばかりといってもいい。むやみに歴史的価値を強調するつもりはないが、おそらく二度と再現できないものばかりということから、好みに合えば積極的にワードローブに取り入れたいと思った。

しかし、それを阻む大きな問題がある。アンティーク着物は、サイズが小さいものが圧倒的に多いのだ。着物は、洋服ほどサイズがきっちり決まっていないが、それは何でもシェアできるという意味ではない。「無料着付け教室のナゾ」でも触れたが、ポイントのひとつは着物の長さ（身丈）で、これが身長と同じくらいないとキレイに着ることができないといわれているのだ。

身長が百六十二センチの私は、プラスマイナス五センチの着物が適正サイズになるわけだが、アンティーク着物の多くは、たいてい百五十センチ前後しかない。これまで「わあ、可愛《かわい》い！」と思ったものの、サイズ表を確認してガックリした経験は数えきれない。昔の人は、なんてかわいらしかったのだろう。そして、現代の小柄な人々が、これほど羨ましいと思ったことはなかった。

トールサイズといわれる大きめのアンティーク着物は、市場でも稀少で、保存状態が良ければ値段も少々高くなる。だがサイズ測定の精度は「店によってかなり違う」と舞さんは言う。

「いくら色柄がよくても小さいと売れないから、サイズ表記を数センチ上乗せする店もあるの。アンティークやリサイクルの着物を買うときは、メジャー持参できちんと確認したほうがいいわよ」

そもそも規格品ではないのだから、チェックは必須と考えたほうがよさそうだ。

京都にお宝は、もはや幻想

一方、戦後に流通したリサイクル着物はどうなっているのだろう？

昭和四十〜五十年代からバブル経済崩壊までは、おそらく有史以来、着物が一番高額だった時代だ。

ある筋から聞いた話では、某老舗呉服店の主人が四十年前に自分が売った着物をインターネットで偶然発見したところ、当時五百万円だった価格が七万円になっていた、ということもあったらしい。その着物を買い取ってみると、しつけ糸がついたままで、誰も袖を通していない状態だったそうだ。時代を経たとはいえ、未使用品がかつての市場価値の七十分の一以下とは、あまりの泡っぷりに言葉も出ない。

とはいえリサイクル市場が利用できる現在の状況は、かなりラッキーといってもいいだろう。しかし、昭和の着物バブル時代のものが、ほんとうにお買い得かどうか判断するのは難しいようだ。

「元の値段は驚くほど高いけれど、質の良い着物がどれだけあったのかは正直言って疑問ね」

舞さんは、苦笑しながら説明してくれた。

「当時は大量生産の反物を一点モノと言って売るのも、日常的だったみたい」

現在、リサイクルで流通している訪問着などには、コンパニオンのユニフォームとしてつくられたありふれたものも多いという。

ところでバブルの時代のみならず、着物といえば京都が中心だ。やはりリサイクルやアンティーク市場でも、京都のほうが掘り出しものに出会う確率が高いのだろうか。

「今は、東京も京都も同じ」

舞さんは即答した。

アンティーク着物の人気が盛り上がりはじめた二十年前は、京都の市場が特別視されることもあったようだが、今やそれも皆無だという。

「京都から、毎月東京に仕入れにくる業者さんもいるわよ」

そこまで地域差がなくなっているのか。

そうなるとますます問われるのは、店の仕入れのセンスや選択眼だ。アンティーク着物やリサイクル着物の専門店というのは、究極のセレクトショップだということに、今さらながら気づいたのだ。

第5章
このケッタイな衣服とのつきあい方

恥ずかしくって着られない

ママ、時代劇の人がいる!

「なにしろ着ていくところがないのよね」

着物の話題が出るとよく耳にするこのセリフ、着物をかじる前は聞くたびに「たしかに、そうだよね」とあいづちを打つばかりだった。

年齢的にも、これから結婚式に呼んでくれそうな友人などいないし、子どももいないので入学式や卒業式といった式典にも縁がない。まれに出版関係で受賞式などのお祝いにうかがうことはあるが、普段から和装に親しんでいる人ならともかく、自分が着るなど想像しただけで場違いだ。

子どもの頃から長らく、着物は仰々しくて大げさな衣服というイメージしかなかったので、なおさら着ていく場所など思いつくはずもなかった。やがてカジュアルダウン着物と出会い、気軽に非日常を楽しめる刺激あふれる衣服だということに気がついた現在は、かつての自分の視野の狭さに思いを馳せる日々だ。

それでも〝着ていくところがない〟という気持ちは、今でも、とてもよくわかる。

なにしろ、着物はいやでも目立つ。真夏の花火大会を除けば、一日出歩いて和服姿の人に一度も遭遇しないことはめずらしくない。知らない人はいないが、着る人はあまりに少ない。着物ほどマイナーな衣服はないと、あらためて思うのだ。

せっかく着付けを習っても「恥ずかしくて、とても外では着られない」といって、家でしか着物を着ない人がいると聞いたこともあるが、意外と少なくないような気もする。なぜなら、私も最初の数回はすごく恥ずかしかったからだ。玄関を出た瞬間、どうか同じマンションの人とエレベーターで遭遇しませんようにと願った。

駅までの道では、前方から来る人々が、いちいち「お、着物だ！」「なんで、着物？」と思っている気がしてならなかった。落ち着け！　ストップ自意識過剰！　アタシのことなんか誰も見ちゃいないよ！　と気持ちをふるいたたせるしかなかった。

それもそのうち慣れてきたが、着物が注目を集めてしまうことは決して気のせいではない。なぜなら私も着物姿の人には、自然と目が吸い寄せられてしまうからだ。

バスに乗っていたら、子どもに「ママ、時代劇の人がいる！」と指さされるなど、洋服ではあり得ないことがおこることもある。

壺振りスクールを探せ

非日常感は面白いが、それなりに心も揺れる。

こんなとき着物を着るための大義名分があれば、もっと気はラクなのだろう。インターネットなどで着物の初心者情報に触れていると、やたらと和のお稽古事をおすすめされるのは、なるほどこういうことなのかと思った。

着物を着るチャンスが増えるし、それもいいのかもしれない。

そう思ったものの、茶道はフォーマルど真ん中すぎて、カジュアルダウン着物はそぐわない。華道は、そもそも着物など着る必要がないことに気づき、和裁をはじめとするモノづくり系は、裁縫用ボンドを愛する私にはハードルが高すぎる。

もっと身体を動かすものがいい。そう思ったが、健康維持のために三十代後半から続けるベリーダンスに加えて、新たに日本舞踊に挑戦するのはキャパオーバーだ。あとは音楽系だろうか。パッと思い浮かんだのは和太鼓だった。ストレス解消できそう！　と思ったが、ハードな汗だくレッスンで必要なのは、おそらくジャージーにTシャツだろう。

着物と親和性の高い和の習い事、何かないだろうか……？

ひらめいたのは、壺振りだった。

ふたつのサイコロを入れた壺を振り、目の合計が偶数なら「丁」奇数なら「半」で勝負する〝丁半〟は、何百年も前から先人たちに愛され続けてきたギャンブルで、まさしく日本の伝統文化だ。落語や時代劇、時代小説で描写されるものしか知らないが、現金と交換した木札を目の前に積んで「丁！」「半！」とやり合う場面には、輸入物のギャンブルにはない独特の世界観がある。

その場を取り仕切るのが、壺振りだ。海千山千の輩《やから》を相手にするのだから、威厳がなければならないし、数々のお作法も身につけていなければ務まらないだろう。

たとえば、賭場を開けるにあたり口上を述べるとか、イカサマがないことを見栄えよく証明するとか、壺やサイコロ、木札の美しい取り扱い方、客に勝負を促すときの台詞や発声、また距離の取り方など、ちょっと想像するだけでも学ぶことはいくらでもありそうだ。

妄想は続くよどこまでも

なにしろこの国には、お茶ひとつ点《た》てるのに、あれほどの修練を積む文化があるのだ。ならば壺振り道があっても不思議ではない。

賭博はいつの時代も概ね禁じられていたので、表舞台に出ることはなかったが、実はアンダーグラウンドの世界で脈々と受け継がれていたのではないだろうか。

ギャンブルには微塵《みじん》も興味がないが、もし賭場が再現されているところがあるとしたら、話はちょっと違ってくる。先人たちに親しまれた大人の遊び場がどのようなものだったのか、ぜひ覗いてみたい。

というよりも、自分で壺を振ってみたい。

今はルーレットを扱うカジノディーラーを養成する学校もあると聞くので、壺振りのお作法を教えてくれるスクールだってありそうだ。

壺振りは、おそらく立ち居振る舞いがとても大切だから、お稽古には着物が必須だろう。師匠のもとに定期的に通って壺振りの技術を習得すれば、やがて発表会と称するイベントに参加できる機会もあるかもしれない。修練を積んでしだいに手慣れてくれば、自分でお遊びの会を企画するのもよさそうだ。

たとえば、日頃から親しんでいる動物愛護界隈で、チャリティーイベントを開催するのはどうだろう。参加者にチケットがわりの木札を買って遊んでもらい、その収益が保護犬や保護猫の医療費の一部になるという趣旨だ。「丁！」「半！」のかけ声でもいいが、「ワン！」「ニャン！」で賭ける〝ワンニャン賭場〟を開催すれば、犬好きや猫好きの脳内物質が盛大に分泌されて盛り上がりそうだ。

丁
半

そう思って、さっそくインターネットで〝壺振りスクール〟を検索してみた。

しかし、それらしき稽古場は、いくら探しても見つからなかった。なにしろ賭場の壺振りに関連する情報がものすごく限られ、検索でヒットするのはオンラインゲームとコスプレ写真撮影、江波《えなみ》杏子《きようこ》主演の映画『女賭博師』くらいしかない。壺振り道なるものが存在するのか、それさえもわからずじまいだった。

結局、和のお稽古に通う機会はないまま今に至っているが、あらためて壺振りのルールを知ってみると、年齢・性別・国籍問わず、誰もが参加できる楽しいアクティビティだとわかる。カジュアルダウン着物の気楽さから、もはや大義名分の必要性もあまり感じないが、それでも壺振りスクールへの未練は、今も完全に断ちきれないままでいる。

なぜ額縁を背負うのか

お太鼓のデザインが理解不能すぎる

お太鼓といえば、着物に欠かせない帯結びの代表だ。

大人が着物を着るときに、お太鼓以外の選択肢なんてあるの？　と思う人も多いだろう。着付けを習おうというとき、自力でお太鼓を結べることがひとつの目標になることも少なくない。

これなしには外出できないと考えれば当然なのだが、お太鼓は着物の国の象徴というか、ある種の印籠感がある。これができれば、誰かに文句を言われたり、ばかにされたり、内心ダメ出しされるなど、着物についてまわる不安がかなりの割合で解消されそうだ。

しかし、個人的には、お太鼓は完全に理解不能なシロモノだ。

なぜペタンコのランドセルを背負うのか――？

子ども時代の私にとって、これは〝大人の世界の大きな謎〟のひとつだった。母や叔母をはじめ、町を行くオバさんたちの背中に四角い物体がペタリと張りついている状況には違和感しかなかった。

　おそらくランドセルという、子どもにとってあまりに身近すぎるアイテムを連想する形状だったことも関係しているのだろう。

　大人になってからは、欧米人のあいだで「なぜ額縁を背負っているの？」と思われているらしいと知ったときはとても腑に落ちた。

　着物はビューティフルだが、あの四角い物体には大きな違和感を抱いているというのが彼らの本音らしい。人間の身体は曲線で形成されているのに、それを完全に無視した長方形の物体を取り入れているファッションは、世界的に見てもとてもめずらしい。

　しかし、帯というのは芸術品みたいなものなので、額に入れて飾るのはアイデアとして悪くない。他国の伝統文化へのリスペクトも伝わってきて「うまいこと言うなぁ」と感心したのだった。

　ちなみに、お太鼓というのは、江戸時代後期に亀戸天神の太鼓橋が再建されたときに、渡り初《ぞ》めをした深川の芸者衆が太鼓橋にちなんだ帯結びをしたことが発祥というのが定説とされていた。しかし、最近では、実はそれより百年近く前に成立して、多くの女性に親しまれてきたことが研究者により指摘されている。

猛暑にピッタリな江戸庶民スタイル

私にとってお太鼓結びは、今も変わらずランドセルで額縁のままだ。そんなことから、着付けを覚えてからもしばらくは、半幅帯を愛用していた。半幅帯というのは、幅十五～十八センチくらいで、そのままの状態で身体に巻いて使う、浴衣などに使われている帯だ。あの帯を普通の着物に合わせてもいいの？　と疑問を持つ人もいるかもしれないが、散策や買い物、気楽な飲み会など、行き先によっては問題ないとされていて、カジュアルダウン着物には必須アイテムといえる。

着付けを教えてくれたアンティークショップ『着縁』オーナーの舞さんは、私が、時々落語会に遊びに出かけていると知ると、貝《かい》の口《くち》という結び方を紹介してくれた。

「これは、実際に江戸の庶民がしていた帯結びよ」

粋でさりげなくて、どことなく女性らしさもある。落語の登場人物たちと同じスタイルだと思うと、イベント感が盛り上がった。

それを見た友人が「わあ、お貝の口！　ウチのおばあちゃんが、昔よくやってたよ」と懐かしんでいた。昭和の最後くらいまでは、一生を和服で過ごす人がまだわずかに存在していた。朝起きてササッと身支度を整えて、仕事をする人々のあいだでは、主に半幅帯が愛用されていたのだ。

そして今どきの半幅帯は、伝統柄からモダンなものまでデザインが豊富だ。取り扱いが楽だし、お太鼓のように背中に覆い被さらないので、猛暑の日本の夏にもピッタリだ。

本やインターネットで調べてみると、結び方もいろいろで、粋だったり、大人っぽくて華やかだったり、こんなステキな帯結びの人が前を歩いていたら目を奪われること間違いなしと思うものがたくさんある。同じ結び方でも帯の色柄が違えばガラリと印象が変わるので、おしゃれ心を刺激する。

ケチなので習得をめざす

それにしても不思議なのは、なぜお太鼓結びがこれほどまでに普及しているかということだ。もっと違う結び方があってもいいと思うのだが、それらは成人式で見かけるとびきり華やかなものばかり。

それにくらべると、お太鼓結びはとてもストイックな印象だ。なぜこれほどまでに極端なのだろう。もしかしたらあのカタチには、なにかの意味や大きな利点が隠されているのだろうか。

そう考えていたところ、やがて、お太鼓結びを習得するときがやってきた。それは着物デビューから半年近くが過ぎた秋の終わりのこと。着物を着るようになると、あちらこちらから着物や帯の頂き物をする。いずれも好みの色柄で、手持ちが少ない身としてはありがたいことなのだが、帯はすべて名古屋帯だった。名古屋帯とは、お太鼓を手早く結べるように大正時代につくられたもので、名古屋女子大学の前身で名古屋女学校の創設者のひとりである、越原春子《こしはらはるこ》という人物が考案したといわれている。

お太鼓結びができなければ、せっかくの帯も活かすことができない。あいかわらず抵抗感はあったものの、私はケチである。箪笥の肥やしを増やすくらいなら、ここはひとつオトナの階段を上ってみようと思ったのだ。

だが額縁を背負うと思うと、やはり気持ちはあがらなかった。

そんなとき、インターネットである画像が目にとまった。かっこいい姐さん風の女性の帯結びは、お太鼓よりも小ぶりで立体的な形状が小粋な印象だった。銀座結びと呼ばれているもので、どうやら名古屋帯でもできるらしい。

さっそく『着縁』の舞さんに、マンツーマンレッスンについて相談した。しかし、「お太鼓を覚えないと、銀座はムリよ」と言われてしまった。

お太鼓は、すべての道に通じているらしい。こうして、お太鼓結びを習得することになったのだが、実際にやってみると想像以上に難しい。数回説明されたところで、なにがなにやらでサッパリ覚えられない。自力でお太鼓が結べるようになるのが着付けのひとつの目標とされていることが、今さらながら理解できたような気がした。

二時間のマンツーマンレッスンが終了する頃、わかってきたのは、お太鼓結びは頭で手順を覚えるものではなく、身体に記憶させるものだということだった。

重要なのはここからで、あとは自主練あるのみだ。前回同様、丁寧にしまいこんだら億劫になるばかりなので、ハンガーに名古屋帯と帯板、帯枕、帯締めをひとまとめにして、仕事部屋の壁にひっかけた。

記憶の糸をたどれる翌日から、仕事の合間に一日に二〜三回、自主練をスタートさせた。練習なので着物は着ないで、カットソーやセーターの上にグルグルと帯を巻くのだが、その姿は無様の一言につきる。自主練というのはたいてい地味でカッコ悪いものだが、このタイミングで宅配便が届かないことを祈るばかりだ。

額縁はなかなか完成しない。アチラを立てればコチラが立たずで、気が遠くなった。しかし、三日、四日と自主練を続けるうちに、わずかながら要所ごとの成功率があがってきた。手先の感覚と同時に、腕の上げ具合、力の入れ具合などを身体が覚えてきたのだろう。

一日数回とはいえ、これを二週間ほど続ければ五十回近く、三週間もすれば練習回数は六十〜七十回にもなる。最初は二十分以上もかかっていたが、タイムも少しずつ短縮していった。

「早いのが偉いというわけじゃないの。でもあまりに支度に時間がかかっていたら、家を出るまでに疲れ果ててしまうでしょう。お出かけを楽しむためにも、ある程度は手早くできることが必要だと思うの」

と舞さんはアドバイスしてくれた。

彼女のレッスンのいいところは、徹底したアフターケアだ。三十分以内であれば完全無料で、どうしてもココがわからない、いつもココがうまくいかない、などの疑問や問題に対応してくれる。そのためには、自力で解決できるところと、そうではないところを見極めなくてはならず、自主練をやらざるを得なくなる。

銀座はムリ！　に秘められた真実

仕事で関西方面に出かけたのは、そのさなかのことだった。

取材最終日の夕方、京都で少しだけ時間ができたときに思い出したのは、インターネットで見つけたアンティーク着物ショップのことだった。目利きのオーナーが経営する店で、地元でもリピーターが多いという。訪問してみると、なるほど博物館かと思うような年代物の髪飾りや帯留めから、気軽に手に取れるリサイクル着物や小物までが揃っていた。

ひとまず見るなら名古屋帯か。棚を眺めていると、スタッフの女性に声をかけられた。

「名古屋帯、お探しですか」

「ええ、まあ。でもまだ練習中で、一度も締めて出かけたことがないんです。銀座結びが、できたらいいなと思っているんですけど」

「銀座結び、お客様ならきっとお似合いですよ。私はムリですけど」

「え、なんでですか？」

予想外の言葉に、声のトーンが一段高くなってしまった。帯結びの種類にムリとか、ムリではないとか、そんな違いがあるのだろうか。

「私が銀座結びなんかしたら、背中ばかりが目立ちます」

大らかに微笑む女性が、ほらっとばかりに向けた背には、お太鼓が結ばれていた。今ひとつピンとこないままでいたら、「帯枕があるだけで違います。私はお太鼓じゃないとダメですね」と説明してくれた。

お太鼓結びには、帯枕というアイテムが必須だ。横二十センチ、縦八センチほどの蒲鉾《かまぼこ》型の物体で、それを帯の内側に仕込むことで、肩甲骨あたりまでをカバーする高さが維持できる。一方、帯枕を使わない銀座結びは、お太鼓よりも低い位置で完結したデザインだ。それだけ背中の面積は広く見えるわけだが、彼女が言うほどの違いがあるのだろうか。

それから数日後、私は再び舞さんのもとを訪れた。

お太鼓をその場で結んでチェックしてもらったら「パーフェクト」と太鼓判を押された。最初はまったくできる気がしなかったが、一日に二～三回、三週間前後も練習すれば、さすがに身体が覚えている。そのまま追加レッスンで、晴れて銀座結びを教えてもらうことができた。

翌週、友人と約束していた落語会があったので、さっそく名古屋帯を手にとった。この日は銀座結びではなく、あえてお太鼓にした。身体で覚えた帯結びは圧倒的にやりやすく、手早く支度をすませられる方法へと流れたのだ。とはいえ、お太鼓への違和感は拭えないままだ。まさか自分が額縁を背負って出かける日が来るとは、なんとも複雑な気分だった。

「今日は、なんか違うな」

そのときリビングで愛犬とイチャイチャしていた夫が、声をかけてきた。

「そりゃ違うよ。今日は初のお太鼓だから。せっかく習ったからやってみたけど、やっぱりこのカタチ、あんまり好きになれないな」

「でもさ、いつもより足が長く見えるような気がする」

「はぁ?」

「すごくスラリとした印象」

「ホントに⁉　それって、帯のせいかな？」

「ウーン……」

夫は背後でしばらく唸ったのちに言った。

「わかった！　帯の位置が高いぶん視線が上にいくんだ」

スマートフォンで真後ろから写真を撮ってもらい確認すると、なるほど半幅帯のときとバックスタイルの印象がまったく違っていた。圧倒的に腰の位置が高く見えるうえ、額縁の直線効果で背中からウエスト、ヒップにかけてのラインがストンとした感じにまとまっている。

「ほんとだ！　すごいスッキリして見える‼」

そのとき私は、ようやく京都で出会った女性の言葉が理解できた。

洋服の場合は色柄やデザイン、コーディネートによって着やせ効果を狙うことができる。一方、着物の形状は均一で、露出は限りなく低いが上から下まで同じ生地で構成されているため、実はボディコンシャスな要素が強い。そこに銀座結びなどコンパクトな形状の帯を合わせると、それだけ体型が目立ってしまうのだ。

だがペタリと平たい長方形のお太鼓は、視線を上に誘導しながら広めの背中やふっくらしたお尻など、気になるところをカバーしてくれる。

「お太鼓の目くらまし効果、ハンパないわ！」

なぜ江戸時代から現代まで、日本人は額縁を背負ってきたのか？

今、その謎がようやく解けたのだった。

着物マナーが謎すぎる

巨大よだれかけの正義

現代社会のなかでは、着物は良くも悪くも目立つ。そして、特別扱いの対象になることも少なくない。

それは友人と約束していた、落語会に向かう途中のこと。ふと空腹感におそわれて、飛び込んだのは渋谷駅構内の某蕎麦屋だった。受付でオーダーしてテーブルに着くと、一分も経たずにきつね蕎麦が運ばれてきた。

スタッフから思いがけない言葉をかけられたのは、そのときだった。

「エプロン、ご利用されますか」

え、エプロン……!?

あまりに意外だったので、それが特別なサービスだと気づくのに数秒かかってしまった。なんとこの店では、着物で来店した客に紙エプロンを提供してくれるらしい。今まで何度か利用していて、早くて安くて美味しいうえ、店内で働く皆さんがとても行き届いた風情で好ましく感じていたけれど、まさかここまでとは思わなかった。

なんて親切なんだろう！　と感激したけれど、結果的にはお断りしてしまった。なぜならまわりを見れば、コートも脱がずに箸を動かしている人もいる。スーツ姿の男性、きれいめニットの女性など、誰を見ても蕎麦つゆがはねるのを激しく気にしている人などいない。ここは誰もがサッと入り、サッと食事を終えて出ていくところ。こうした場所でひとり、うやうやしく紙エプロンをつけるなんて、いかにもたいそうなものを着ていますとアピールするようで、なんだか恥ずかしかったのだ。

でも着物で出かけているうちに、こうした特別扱い的なサービスがめずらしくないとわかってきた。イタリアンなどの洋食では、布ナプキンが二枚運ばれてくることもあった。なんだか大事にされているようで嬉しい。でも二枚もどうやって使うのだろう？そういえば本やインターネットに、着物の衿にナプキンを挟んで食事をしている写真があった。真似してみると、なるほどこうすれば赤ワインも心置きなく飲めそうだ。

しかし後日、友人がテーブルで撮ってくれた写真を見てガッカリした。上半身のほとんどがテローンとした白布で覆われていて、中途半端なてるてる坊主がワイングラスを手に弛緩《しかん》した笑みを浮かべている。着物でおしゃれしたつもりが、台無しになっていた。

そのとき、ふと気がついた。

ナプキンを衿元に挟むなんて、そもそもマナー違反ではないのか？　堅苦しいことはヌキという集まりでも、さすがにこんなことはやらないだろう。それにもかかわらず複数の本やインターネットで、衿元ナプキンのシーンを目にするのはなぜなのか。この作法は、いわゆる和のマナーなのだろうか？

これは気になる。なにかヒントはないかと、インターネットで、着物・食事・ナプキンで検索してみると、予想もしないものが大量にヒットした。それはナプキンクリップという商品で、大判のハンカチやナプキンの両端につけて首を通して使うものらしい。クリスタルのビーズや組紐など凝った素材のものも多く、単体で見るとアクセサリーのように美しい。だが使用中の姿は、ハッキリいって巨大赤ちゃんのヨダレかけだ。

そこから感じたのは、どんなことがあっても絶対に汚さない！　という強い決意だった。絹の着物は特に水分に弱く、クリーニング代も高額なので、その気持ちはよくわかる。しかし、もし私が着物に微塵も興味がなくて、相手にこの格好をされたら思うだろう。そこまでするなら洋服を着ればいいのに――。

着物の国では、汚さないことが最大の正義なのだろうか。濡《ぬ》らしたらタイヘン！　汚したらタイヘン！　という空気も過剰になると、なんだか鼻につく。

歌舞伎座のオンナ

そんなことを考えていたとき、ある苦情を耳にした。

「自分の前の席に着物の人が座ると、ドンヨリする」

友人のNちゃんは、数年前から歌舞伎見物が趣味の非着物女だ。

歌舞伎といえば、着物人口の多いスポットのひとつ。前の座席に着物の人が座る確率はかなり高いはずだから、そうなると頻繁にドンヨリしなければならない。その理由はなに？

「椅子の背にもたれない人が多いの。公演が始まっても背筋を伸ばしたままだから舞台が見えなくて、ほんっと迷惑なのよね」

最初は我慢していたけれど、今は遠慮なく声をかけることにしている、というNちゃん。黙っていたらお楽しみが台無しになるので当然だが、頻繁な声かけは、かなりのストレスだという。

「なんで着物の人って、ああなの？」

「うーん、なんでだろうね」

Nちゃんに訊かれても、私はまったく答えられなかった。

着物には洋服と違った都合もあるけれど、個人的な記憶の糸をたどったかぎりでは、背筋ピンをキープしていなければ不都合を感じることはこれまで一度もなかった。歌舞伎にかぎらず、きちんと椅子に腰掛けるのは劇場鑑賞の最低限のマナーだが、それさえ守られないとは、どういうことなのだろう。

着物は特別だから？　いやいや、おしゃれをして他人に迷惑をかけるなんて、これ以上にカッコ悪いことはない。あるいは、着物のときに背もたれを使うのはダメというルールがあるのだろうか。

友人知人にゆるくリサーチしてみると、ひとつの理由が浮上してきた。それは、お太鼓がつぶれたら困るからという説だ。もっともポピュラーといわれる帯結びには、そういうリスクがあるのだろうか？

だが実際、お太鼓結びを習ってみると、つぶれる余地などないことがわかった。立体的になっている帯の上部は、弾力のある帯枕によって形成されていて、そこから下はビシッと直線的な形状をめざす。お太鼓というのは、横から見たときに数字の「7」の形になるのが正解らしい。つまりフンワリ要素ゼロなのだ。

それにもかかわらず、お太鼓がつぶれることを理由にマナー違反が頻発しているとは、どういうことなのだろう？　巨大赤ちゃんのよだれかけの謎とともに、専門家に確かめてみるしかないと思った。

着物はマナー違反の免罪符？

まずは、食事のときについて。

「着物を着ているときでも、テーブルマナーは西洋式と同じよ」

と言うのは『着縁』の舞さんだ。あくまで布ナプキンは膝に置いて使うもので、衿元に挟むためのものではないという。ナプキンクリップを使ってよだれかけ状態にするのは、盛大に油が飛び散るリスクが高い料理など、特別枠と考えたほうがよさそうだ。

着物着付け講師でユーチューバーのすなおさんも、同じ意見だった。

「箸の持ち方をはじめとする和食のマナーはあっても、着物に限定したテーブルマナーはありません」と説明する。ただ着物を汚さない方法として、ナプキンの使い方を紹介する着付け教室や情報サイトは少なくないという。

「ナプキンや大判ハンカチの端を帯にはさんで膝上に広げる方法もあって、これも正式なテーブルマナーからはずれたものです。でもどうしても汚したくない、自信がないときは、同席する人に一言断ればいいと思います」

気の置けない友人どうしの集まりなら、汚れを気にして萎縮するよりもテーブルマナーはほどほどに、食事やお酒を楽しんだほうがまわりだって楽しい。このあたりはＴＰ

Ｏに応じたアイデアらしい。

つぎは歌舞伎座の背筋ピン問題について、これはお二人とも「マナー違反です！」と口を揃える。

「しっかり結んであれば、背もたれで型くずれすることとなんてないわよ。席を立つときに手を後ろにまわして、ちょっと形を整えれば大丈夫」

舞さんは、私に数字の「７」になるお太鼓結びを教えてくれた本人なので、そんなこと当然でしょうという顔だ。

「不都合といえばシワになることくらい。シワになりにくい素材の帯を選べばいいのよ」

一方、すなおさんは、お太鼓にこだわる必要さえないという。

「背もたれを使う時間が長いときは、半幅帯にするのもひとつの選択です。平面的な形状の結び方がいろいろあるので、観劇に向いていています」

これは、どんなファッションで出かけたいのかという話でもあって、お太鼓はドレッシーなワンピース、半幅帯はカジュアルウエアというのが大まかな目安だという。歌舞伎見物というと華やかなイメージがあるけれど、招待や接待などセレブリティな香りがする状況を除けば、洋服和服ともに特別に気合いを入れて着飾る必要などないのだ。

「もし半幅帯に抵抗があるなら、羽織を合わせるのもアリですよ」

これで少しだけドレスアップできる、とすなおさん。その提案に、なるほど、そういう手があるのかと思った。

羽織は、昔の入学式のお母さんのようなかしこまったイメージが強く、かなり抵抗感があった。でも実際は、洋服の羽織りモノとほぼ同じと考えればいいらしい。室内では着ても脱いでも問題はなく、色柄の種類は着物と同様に無限大で、夏にはレース羽織というものもあるという。難しいルールのないアイテムだと理解できたら、取り入れられそうな気がしてきた。

こうしてみると現代社会のなかで、着物に特化したマナーというのは実は存在しないことがわかる。何を着ていようと、お互いが気分よく過ごすために必要なことは変わらないのだ。

着物は日常のなかで手軽に非日常の気分を味わえる、楽しいアイテムだと思う。それによっていつもより注目されたり、親切にされたり、気を使ってもらえることもある。しかし、特別扱いが当然な衣服ではないのだ。

脱・仲居さんへの道

着物コーデ会をやってみた

手持ちの着物や帯を持ち寄って、コーディネート会をやろう。

そんな話がもちあがったのは、ベリーダンス教室の先生や友人たちと集まって飲んでいるときのことだった。いざ着物をかじってみると、日頃一緒に汗をかいているメンバーの多くが着物の国に足を踏み入れていることがわかったのだ。メンバーのあいだで話題になったのは、どうにも活躍させられない着物や帯についてだった。

「とても気に入っているのに、コーディネートが思い浮かばなくて簞笥の肥やしになっている帯がある」

Cちゃんの悩みは、メンバー全員の悩みでもあった。

「わかるわぁ。着物と帯って、実際に合わせてみるまで予想できないんだよね」

「しかも、合いそうもない色柄どうしが、意外にハマることが多い」

「想像だけじゃ、コーディネートの幅が広がらないのよね」

それなら各自手持ちの着物や帯、小物をシャッフルさせてみようということになったのだ。

当日、持ち寄ったものを見て思ったのは、同じ趣味を持つ友人の着物や帯というのは、なぜこうも楽しいのだろう、ということだった。それぞれ好みは違うけれど、美意識はなんとなく共有しているせいか、四〜五人分の持ち物を集結させると思いがけないコーディネートが生まれるのだ。

自分では手にとらないタイプのものが、気軽に羽織れるのも嬉しい。私には似合わないと思っていたお上品系カラーの着物でも、個性的な色柄のアンティークの帯やネオンカラーの帯締めを合わせると、意外としっくりくることがわかった。身長が高いからとアンティーク着物を諦めていたメンバーは、ダークカラーベースの着物ならおはしょりを出さない対丈で着ても、さほど違和感がないことを発見した。

「お姐さんビール!」に怯える

するとメンバーのひとりKちゃんが、数年来の悩みがあると持参した着物を取り出した。

「この着物、手持ちのどの帯と合わせても仲居さん風になっちゃうの」

それは、古典的な柄行きの紺の紬だった。

Kちゃんにかぎらず、紺色の着物を身につけるときに仲居さんに間違われてしまいそうになる問題は、重大なテーマのひとつではないかと思う。料理屋などで「お姐《ねえ》さん、ビール！」と言われたらどうしよう、と密かに怯えている人は少なくない、と聞いたこともある。

念のためだが、これは仲居さんの存在や仕事を否定しているわけではない。我々が心おきなく飲食を楽しめるのは、テキパキと働く仲居さんがいるからで、客としては常に感謝の念を忘れてはならないと思っている。問題なのは、いつもと違うおしゃれにトライしたつもりが、意図せず特定の職業を連想させてしまうところにある。

テーマは脱・仲居さんへの道ということで、メンバーがアイデアを出しあった。

「半衿は白ではなく、水玉や花とかカワイイ柄にしたら」

「帯も無難な色でなくて、派手めがいいよね」

それだけでもかなり変わりそうだが、どこかとってつけたような印象もある。派手めの帯といっても、赤や黄色系はかえって仲居さんに近づいてしまいそうだし、かといってあまりにキラキラした感じもシャキッとした手触りの紬にはそぐわないような気がする。

しかし、着物についてはシロウトの集団なので、このあたりが限界だった。

衿元からはじまる〝こなれ感〟

この先は、プロの知恵に頼るしかない。連絡したのは、お馴染み、京都在住の着物ユーチューバーのすなおさんだ。

「仲居さんにならないポイントですか。そのお悩みわかります！　着付け教室の生徒さんからもよく訊かれますよ」

仲居さん問題は、東西エリアに共通したものらしい。むしろ京都などの観光都市で暮らす人々にとっては、より切実な問題なのかもしれない。

半衿を白ではなく、柄衿にする点について訊くと「いいアイデアですね！」とのことで、ひとまず方向性は間違っていないようだ。しかし、カギはもっと違うところにあった。

「ポイントは、衣紋をしっかり抜いて、衿を寝かせることなんやと思います。これは私の持論ですけど、教科書通りのきちんとした着付けに近いほど、仲居さんの要素が強くなります」

仲居さんとそうではない人は、根本から着付けの方向性が違うのだ。脱・仲居さんをめざすなら、こなれ感や抜け感を強調した着姿を意識するのが正解らしい。

たしかに衿元に緩みが少ない着付けは、キビキビと立ち働く優秀な職業人を連想させる。だが、もしも衿元を盛大に抜いた、こなれ感たっぷりの仲居さんがいたらどうだろう？　カッコイイかもしれないが、こちらのオーダーはいつまでたっても厨房に入らないような気がする。これは仲居さんが仲居さんらしく見えるために、考え抜かれた着付け指導の結果なのかもしれない。

すなおさんは、色合わせについても教えてくれた。

「ビビッドな色を足すと、モダンなコーディネートになりますよ。たとえば帯締めをターコイズブルーにするとか、明るいグリーンやオレンジ、レモンイエローなどビタミンカラーの帯にするといった具合です」

伝統的な色柄の着物に、現代的な要素を合わせるというわけだ。すなおさんは、さらに帯結びについても提案してくれた。一般的なお太鼓ではなく、銀座結びにすると印象がガラリと変わるという。

銀座結びの発祥は、名前のとおり銀座のママといわれていて、粋に見える、こなれて見える、などの点で定評がある。

ポイントは、衿元の着付けと色選び。この条件を網羅すれば、仲居さんと間違われることはなさそうだ。そしてこのロジックは、カジュアルダウン着物を垢抜《あかぬ》けて見せる、方法にもつながっていると思ったのだった。

センスアップはどこでする

古典モノ×現代モノ

着物は基本的にすべて同じ形状で、シルエットが大きく変わることはない。それをカッコ良く、ステキに着こなすためには、洋服以上にコーディネートセンスを磨く必要がありそうだ。しかし、生まれてから今までずっと洋服で生きてきた我々の脳は、着物の国のセンスになかなか対応できない。

第1章の「チャラい着物が大変身」でも書いたが、最初は見慣れない色柄が多すぎて、自分の好みなのかそうでないのかも、よくわからなくなってくる。だが洋服センスを完全否定すればいいわけでもなく、脱・仲居さんコーディネートのように、現代的なカラーを追加することで古典的な着物が活きることもある。

センスアップをめざすには、結局のところ何をどうしたらいいのだろう？　そんなときに耳にしたのは、ひとまず昭和から距離をとるという話だった。

「町で出会うステキな着物姿の人って、まだかなり限られていると思う。昭和の簞笥から引っ張り出した着物や帯を、そのまま着ている人が多いのよね」

というのは、『着縁』オーナーの舞さんだ。

昭和四十年代から平成が始まる前くらいまでの、いわゆる着物バブル時代に流行した当時の組み合わせのままでは、古くささが際立ってしまうという。これも時代が移れば変わるのかもしれないが、もっともわかりやすい例は、帯締めと帯揚げを同色で揃えるコーディネートで、おそらく当時はセット売りが販売戦略のひとつだったのだろう。

あの頃はまだアンティーク着物の魅力が広く共有されることもなく、すべての着物が高価な一張羅だったため、今どきの着物センスとのギャップはより大きい。昭和の着物をどうやって現代に活かすかは、着物の国の大きなテーマといえそうだ。

では今どきの着物センスとは、どんなものなのか？

各方面を調べてみた結果を大まかにまとめると、それは違う時代のアイテムどうしを組み合わせることだという。「古典モノ×現代モノ」と表現されることもあるが、現代人の目に新鮮に映るアンティーク着物の時代から、戦後、平成、令和まで百年近くもカバーしているので、初心者には古典と現代の線引きもいまひとつハッキリしない。

お手本はどこにある

ならばアレコレ考えず、ひとまず実例を見ることにした。

現在、着物ファッションに特化した定期刊行物は年四回発行の『美しいキモノ』（ハースト婦人画報社）と『七緒《なな お》』（プレジデント社）、年二回発行の『きものＳａｌｏｎ』（世界文化社）の三誌だ。

一九五三年創刊の『美しいキモノ』は、その名のとおり目にも麗しいグラビアがゴージャスで、主にフォーマル着物を愛する人々から支持を集めている。公式Ｆａｃｅｂｏｏｋページの投稿記事のはじまりは、毎回「皆様ごきげんよう」だ。

二〇二〇年に創刊四十周年を迎えた『きものＳａｌｏｎ』も老舗感たっぷり。グラビアの美しさに定評があると同時に、素朴な疑問に答えるページも人気。産地や歴史に触れる文化関連のテーマが充実していることから、着物愛好者のバイブルという人もいる。

『七緒』のグラビアは、ほっこり、ナチュラルなムード。実家の箪笥着物やリサイクル着物の活用法など、実用情報に力を入れていて、二〇二〇年六月発売・夏号の第一特集内では、履きやすい下駄を選ぶ「履き物かけっこ選手権」が開催されている。

定期刊行物ではないが、祥伝社から二〇〇二年に創刊された『ＫＩＭＯＮＯ姫』（創刊時の名称は『KIMONO道』。二〇一九年十一月にリニューアルし『KIMONO anne.《アン》』としてTAC出版より刊行）は、着物の国に革命をおこしたといっても大げさではない。アンティーク着物に出会って衝撃をうけた編集長の田辺真由美《たなべまゆみ》氏が、「きものってとにかく可愛くて楽しい！」という想いを一途に伝える内容で、読者層は十代〜三十代前半。着物にハイヒールや帽子を合わせる、和洋折衷コーディネートを積極的に提案するなど、この本がなければ現在のアンティーク着物、リサイクル着物に注目する文化はなかったといわれるほど影響力が大きい。

各誌とも方向性が明確なので、どれを手に取るかは好みがハッキリ分かれそうだ。

個人的にもっとも参考になったのは、インスタグラムなどのSNSだった。「カジュアル着物」や「普段着物」で検索すると、箪笥着物やリサイクル着物、アンティーク着物をメインに楽しんでいる人々のリアルなコーディネートをいくらでも見ることができる。

一般の着物愛好者はもちろん、アンティーク着物ショップのオーナーやスタッフ、着付け講師、着物デザイナーなどプロの人々も含めて、世の中にはこれほど多くの着物愛用者がいるのかと驚いた。ピアスの色と半衿の色を同色にするなど、テクニックがなくても取り入れられるアイデアも多い。

気に入ったコーディネートに「いいね！」を押したり、画像を保存したりするうちに、最初は脳がパニックになった〝柄オン柄オン柄〟にもだんだんと慣れてきて、好みか否かの判断もつくようになってきた。

とはいえ、それらはあくまで参考でしかない。この着物いいな！　と思っても、それは個人の所有物か、リサイクルやアンティークとして販売されている一点モノ。一般の洋服のように「同じのください」というのは、基本的に不可能なのだ。

結局のところ、手持ちの着物や帯をどうやって活用したらいいかという問題は変わらないわけで、それが楽しくもあるのだが、やはり悩ましいのだ。

日本史ガールズコレクションの舞台裏

着物の国を歩きまわりはじめてから、もうひとつ気になっていることがあった。それは、いわゆる〝和の色〟についてだ。

昭和の着物しか知らなかった頃は、和装の世界というのは主にフンワリとした優しげな色合いで構成されているものだとばかり思っていた。しかし、アンティーク着物の世界を見ればその限りではない。

第3章の「なぜこんなに動きづらいのか」で、室町時代の着物に魅せられた話を書いたが、このネタ本の『日本の女性風俗史』を見れば、日本人が現代とは逆の衿合わせをしていた古墳時代から、この国の女性たちのファッションが現代に通じる魅力にあふれていることがわかる。

奈良時代の衣服は、中国・唐との国交の影響で異国趣味が浸透していてオリエンタルムード満点だ。ビビッドな黄色のスカート風の衣服を渋い緑色の極細帯で引き締め、サーモンピンクともオレンジともつかない微妙な色合いのブラウス風の上着を合わせている。難しい色合わせなのに、面積配分の巧みさゆえか、絶妙なバランスが現代の美意識とマッチしている。

洋服ならかなり突飛なコーディネートになるが、日本の伝統衣装の世界では、調和のとれたハイセンスな着こなしになる。歴史のなかに息づくファッションの数々は、本当の意味で日本の伝統といえるだろう。エッセンスでもいい、それを身につける方法がわかれば、着物の国の独特のセンスを少しは理解できるようになるのではないだろうか。

その方法について、訊ける人はひとりしかいない。

連絡したのは、京都国立博物館名誉館員で日本の伝統服飾研究者の切畑健先生で、『日本の女性風俗史』の監修者だ。この本は、昭和五十九年の宮崎友禅の生誕三百三十年記念行事の一環として、京都でおこなわれた「染織まつり」の記録で、古墳時代から江戸時代に至る、歴代女性風俗行列に参加した女性たちを撮影した写真をまとめたものだということは第3章でも書いた。日本史ガールズコレクションと呼んでも大げさではないこの催しで、切畑先生は当時、百名を超すモデル選びから、着付けや小物、ヘアメイク、当日の心得まですべての指導にあたった人なのだ。

大阪出身で京都との関係五十数年という切畑先生は、細身の黒の上下に足元は白スニーカーという服装で、八十代とは思えない軽快な印象だった。

「着物は難しく考えたらあきません。たとえば裾を少し短めにして靴をはく。冬なら袖をくるくる丸めて、オーバーコートを着たらええんです」

さすがは様々な変容を遂げた歴史を持つ、日本の伝統服飾の専門家だけのことはある。着物ファッションの提案も自由闊達《かったつ》だ。

「現代の日本人に合う、豊かな自然や季節に応じて無理なく着られるコーディネートをもっと考えていくべきです」

と切畑先生は、既存の着物ルールにとらわれることにも異を唱える。それだけに、最近の着物の国には思うことも多いようだ。

そのひとつは、京都や浅草などでよく見られる、外国人観光客をターゲットにしたインバウンド向けの着物。安価な化学繊維の質感だけでなく「花文様などの色柄が古臭い」とバッサリだ。またテレビドラマやＣＭ、雑誌などのマスメディアに登場する着物についても、「色文様の組み合わせが洋服的センスのものが多く、また着方への配慮も物足りない」という。

そして話題は〝日本史ガールズコレクション〟の舞台裏になった。

「あの日は、染織まつりの行列の前に、撮影もしなければならなくて本当に大変でした。当日は、百人のモデルさんそれぞれの撮影に立ち会う余裕はなかったので、打ち合わせとは違う舞台風の化粧や、着付けの乱れを直せないまま撮影されてしまったり、残念なこともたくさんありました」

それでも、日本の歴史ファッションの魅力は計り知れないと思う。着物の知識などほぼゼロの人間が見ても、「ステキ！」「これ着たい！」と心動かされるエネルギーがあるのだ。

切畑先生は、日本の伝統装束や衣装の特徴についてつぎのように解説する。

「ワンポイントの配色効果に注目する欧米センスと反対に、日本の装束には、様々な色をもちいてコーディネートをつくりあげる独特で豊かなセンスがあります。アフリカや東南アジアにもこれに近いものがありますが、当然ながら日本はまた別のセンスです」

だがもちろん、ある色をそのまま組み合わせればいいわけではない。

「日本人は、そうした色彩のセンスをどうやって構築したんでしょうか」

訊くと、切畑先生は「その原点は平安時代にあります」と言う。

『源氏物語』や『栄花《えいが》物語』など古典文芸には、春夏秋冬それぞれに趣向を凝らした装束を着用したことが記される場面が多く、それが四季折々の植物などを通して、季節を感じさせる色彩の組み合わせの追求につながったというのだ。

「日本独自の色彩のセンスのもとは平安時代にあり、くりかえせば、自然と共にある変化に富んだ色彩に触れるなかで、その美しさを複雑に組み合わせる感覚が養われました。その伝統を受けて、江戸時代の小袖には多くの素晴らしい衣装があります。ここでは色彩だけではなく、意匠文様にも平安時代以来の伝統が見られ、各期の特色を見せつつ受け継がれて現代に至っています」

歴史のなかにセンスあり

着物の国の独特の色柄センスは、千年の歴史を経て培われたものだったのだ。遥《はる》か昔から、どれだけ服飾に多くの情熱とエネルギーをかたむけてきたのだろう。本当に、日本人は、おしゃれが大好きな民族だったのだなぁと思った。

これこそ日本の伝統文化だ。しかし、千年の歴史という深すぎる事実を知ると、ファッションの根本が欧米化した現代人には、ますますハードルが高くなる。思わず遠い目をしてしまうのだが、しかし、切畑先生は日本独特のセンスを磨く方法はあると、そのコツを教えてくれた。

「まずは、まったく違う色どうしを組み合わせることです。たとえば着物が黒なら、帯は白、帯揚げは紫、帯締めは黄色といった具合に。このとき大切なのは調和です。紫と黄色といってもそれぞれ色調が違う。そのバランスを見極めるのが、着る人のセンスやと思います」

ひとくちに黒といっても、漆黒、ややグレー系の黒、薄墨、青系の黒など実に様々だ。それらがすべて違う色だと理解できれば、反対色の組み合わせであっても唐突感はおさえられ、むしろ際立たせたい色を選ぶこともできるという。

「自然のなかにある色の組み合わせは、ひとつの参考になります。花を見てきれいだと思う、空の色の美しさに感動する、そういう体験をすることが大切なんです」

たしかに自然は、何色とも表現し難い色彩にあふれている。

海や山などの光景をはじめ、草花や樹木、鳥や昆虫、動物、岩や石などの鉱物にいたるまで、それぞれの色や文様に驚かされることも多い。大切なのは、それらを目にする機会をつくり、きれいだと思う感受性を育てることなのだ。

近いうちに、愛犬と一緒にゆっくりアウトドアで過ごす時間をつくろう。そう思いながら、京都を後にした。

自分で着るのがエライのか

時短にも限度がある

二〇二〇年初夏、気づけば、着物の国を歩きはじめて一年が経っていた。

手帳を見ると、これまでの着用回数は、合計で四十回くらい。もっともそのうちの七~八回は、二〇二〇年三月後半から五月にかけてで、新型コロナウイルスによるステイホーム期間にあたるので、外出は愛犬の散歩や近所の買い物くらいだったが。ともあれ平均すると一か月に三回程度、着物で外出していたことになる。

もっと頻繁に着ていたような気もしていたので、そんな程度かという印象もあるけれど、フリーランスの在宅ワークとはいえ、時間的にはこのくらいが限度だと思った。

「着物、習いたいな」

「久しぶりに、また着てみようかな」

私がカジュアルダウン着物で生ビールをあおっていると、そんなことを口にする友人が何人かいた。

しかし、通勤の必要がある仕事をしている人の多くは、平日は着物に袖を通すことは難しいし、休日もそれなりに忙しい。そのなかであえて着物で出かけるというのは、やはりけっこうなハードルだと思う。

その状況をズバリと言いあてたのは、友人Aちゃんだった。

「着物は、着るのに三日必要だから」

ちょっと大げさに聞こえるが、たしかにそうだと思った。

着物で出かけるとなれば、前日には着物と帯の組み合わせを決めて、シワなどの状態を確認する必要がある。帯締めやバッグ、履き物など、大まかにでもコーディネートの方向性もかためておいたほうがいい。半衿のおしゃれをするなら、襦袢のチェックも必要だ。当日は、身支度に時間がかかるから余裕をもたなければならないし、帰宅したら着物や帯をハンガーにかけて風を通し、翌日、シミの有無など確認しながら、畳んで収納する――というわけで、最低でも三日間かかるのだ。

時々は和装で出かけることもあったというAちゃんが、着物から離れてしまったのは、単身赴任がきっかけだったという。平日は赴任先で働き、週末は夫の住む都内の自宅に戻るという生活サイクルになってからは、「干した着物をしまう暇がないから、すっかりご無沙汰なのよ」と言う。

とにかく現代人は忙しい。たとえ単身赴任でなくても、連日の残業や休日出勤、不規則なシフト勤務、子育てや介護、勉強や趣味、ボランティア活動などに参加するなかで、むしろどうやって着物時間を捻出したらいいのかと思ってしまう。

「着物で出かけたい」「久しぶりに着たい」という友人たちの声は、着物仲間が増えることでは素直に嬉しいが、彼女たちがいかに忙しいかを知っていると、ハードルの高さも容易に想像できる。

準備から片付けまでの手間は、私自身にとってもけっこうな負担なので、なんとか時短ができないかと常々考えてきた。今、実践しているのは、主にキッチリ片付けない収納で、①襦袢や裾よけはクローゼットにかけっぱなし、②腰紐や伊達締めなどの着付け小物はまとめてハンガーに吊《つ》るしっぱなし、③帯締めと帯揚げは各々空き箱に入れて全体を見渡せるようにする、といったものだが、トータルで考えれば時短効果は微々たるものだ。

覚えなくていい、忘れてもいい

今や時短は、現代人の基本テーマのひとつといってもいい。たとえ限られた時間でも、工夫すれば着物が楽しめるはずと考えてはみたものの、はたしてそんな方法があるのだろうか。

そんなことを考えながら、舞さんのもとを訪れた。彼女の店は、アンティーク着物ショップであると同時に、カフェでもある。おすすめのクラフト系生ビールをオーダーすると、美しい泡で満たされたグラスが運ばれてきた。

爽やかな香りのビールを片手に、さっそく舞さんに時短テクニックについて訊いてみた。

「手早く着られるようになるには、ある程度の慣れが必要よね。時短をめざすなら、週に一～二回でも着物にさわる時間をつくったほうがいいと思う」

舞さんのレッスンを受けて思ったのは、まさに習うより慣れろで、着付けはスポーツと共通した要素が多い。

しかし、目標がハッキリしないエクササイズが続かないのと同じく、着物も地味な自主練ばかりでは続かない。着物で出かけるチャンスを増やすためにも、歌舞伎や落語鑑賞、習い事など趣味や楽しみと連動させることがもっとも現実的だという。

とはいえ、その時間さえ確保できない人は少なくない。それでも着物が楽しめる時短テクニックは、あるのだろうか？

舞さんから返ってきたのは、ちょっと意外な答えだった。

「あまりに忙しい人は、無理して自分で着る必要なんてないと思う」

「それは、人に着付けてもらうということ？」

「一年に一〜二回しか着ない人は、わざわざ着付けを習うより、プロに着付けを頼んでおしゃれを楽しめばいいのよ」

言われてみれば、たしかにそうかもしれない。

着付けはスポーツと同じようなものだから、半年や一年のブランクがあると、思い出すのもひと苦労だ。実際、着物キャリアが長い人からも、数か月ぶりに着るときは事前の予行演習が欠かせないとか、最近はＹｏｕＴｕｂｅがあってよかった、などの声を聞く。

自分で着ることが楽しい、一種の達成感を味わえる、といった前向きな要素があればいいが、億劫な想いのなかでチャンスを逃したまま五年、十年と経ってしまえば自力で着るのはかなり難しい。

それに多くの人にとって目的のメインは着付けの完成ではなく、その日のイベントなのだ。慣れない着付けにヘトヘトになって、イマイチの仕上がりで出かけるくらいなら、プロに完璧に仕上げてもらったほうが自信も余裕も生まれるはずだ。

「覚えなくていいし、忘れてもいいの。自分で着られるのがエライわけじゃないんだから」

私は、舞さんの言葉にハッとなった。

他人に着付けをしてもらうと、成人式や卒業式、結婚式などフォーマルな式典に限ったものというイメージが強かった。だからなおさら、日常の延長的なシーンでは、着付けを覚えて自分で着るのが当然だと思っていたのだが、これこそつまらない固定観念だった。

「髪やネイルと同じように、着物もプロにお願いすればいいんだ……」

「昔の身分の高い人たちも、女中さんの手を借りていたらしいし、武家の奥様気分が味わえるイベントとして楽しめばいいと思う」

訊けば、舞さんの店でも着付けサービスをやっていて、持ち込みのカジュアル着物ならへアセット込みで五千円、レンタル着物を利用する場合は一万五千円程だという（二〇二四年現在）。日頃から仕事や家事、子育て、介護などで忙しい思いをしている人々にとって、自分へのご褒美として利用したらストレス発散にもなりそうだ。

デザインするプロの着付け

さらに興味をそそられたのは、舞さんの着付けメソッドについてだった。

「一番大切にしているのは、着物をデザインしながら着付けること。ご本人の希望を訊いたうえで、個性を活かして美しく見えるようにする」というのだ。

着物をデザインする？　まったくの初耳だった。それは、どういうことなのだろう。

その原点は、舞さんの実体験にあった。

着物に魅せられたのは、二十代後半のこと。アパレル企業の内勤として働いていたものの、シーズンが移ればセール品となってしまう短時間で価値を失うものをつくることにストレスを感じていた。そのなかでアンティーク着物に出会い、五十年以上経っても輝きを放つ衣服に衝撃をうけたという。

舞さんが着物に魅かれたのは、もうひとつ理由があった。

「私、お尻が大きいという体型コンプレックスがあったの。ミニスカートが流行するシーズンは苦痛ばかりだった」

でも着物は、まったく違っていた。

平面の着物を立体的な身体に合わせるためには、その都度デザインしながら着る必要がある。そのことに気づいて工夫を重ねていたら、洋服のときにくらべて周囲の反応はあきらかに良かったという。

着付けの師匠は、長らく松竹の舞台衣装の着付けを専門にしていた根津昌平《ねづしようへい》氏で、戦前から昭和五十年代まで活躍した大女優の初代水谷八重子《みずたにやえこ》から絶大な信頼を得ていた人物だった。

二十八歳で会社を辞めたとき、舞さんは洋服をすべて処分した。師匠のもとで勉強しながら、骨董《こっとう》屋や料亭のアルバイトで生計を立て、日本舞踊を習い、寝るときも着物を着て生活したという。

コンプレックスが原動力になっているため、着付けの工夫や研究にはいくらでもエネルギーを注ぐことができた。映画や舞台など、参考になりそうなものも数多くストックしていった。そして着物と出会って三年、下北沢にアンティークとリサイクル専門の着物ショップをオープンしたのだ。

移り変わりが激しいといわれる下北沢で営業を続けて十五年、舞さんが提案し続けている〝デザインする着付け〟とは、具体的にどのようなものなのだろう？

「ステキに見えるポイントとして重要なのは、その日のシーンに合っているかどうかだと思うの。出かける場所が決まっていたら、どんな雰囲気なのか可能なかぎりチェックする。昼か夜か、会場の広さ、ライティングの状態、椅子席か立食かによって、どんな着付けがいいのか決まってくるから」

舞さんは、同じ着物でも着付けによって、粋になったり、ドレッシーな雰囲気に仕上がったりまったく異なる表情になるという。たとえば男性と食事をするといっても、初めてのデートなのか、仲のいい男友達か、お世話になった殿方か、状況によって着方を変えるというのだ。

これほどの自己演出ができるとは、着物という衣服はどれだけの可能性とパワーを秘めているのだろう。着物が深いといわれるのは、こういうことだったのか。

これまで好奇心にまかせて着物の国を歩いてきたが、気づいてみれば目の前には、はかり知れない世界が広がっていた。

私のような新参者はもちろん、素人には容易に理解できないレベルといっていいだろう。それならなおさら、自力で着ることにこだわる必要などないという思いも大きくなった。

なにしろ現代人は忙しい。

着付けを覚えてテキトーに着るもヨシ、手持ちの着物をプロの着付けで活躍させるもヨシ、忘れたらインターネットに頼るもヨシ、ピンポイントでステキな帯結びを習うもヨシ、リサイクル着物の購入と着付けの予約を同時にするもヨシ、そして着付けはできるけれどときにはプロの力を借りてランクアップするもヨシ——状況や都合や興味に応じて、着物とつき合えばいいのではないか。

なぜなら着物は、所詮ワードローブのひとつなのだから。

とはいえ、これほど非日常を味わえる、心躍る衣服もめずらしい。毎日の生活を気軽にイベント化できる最強のアイテム。それがこの国の伝統的な衣服、着物なのだ。

おわりに

着るも自由、着ないも自由

着物を着て出かける人の数というのは、実は、今現在がもっとも多い——。

そんな話を耳にしたのは、この本の執筆もなかばを過ぎた頃のことだった。もちろん戦後に限定したことだが、それでもかなり意外で「へえー！」と思った。

昭和四十年くらいから平成に入るまでの時代に、着物バブルというものがあり、最盛期は二兆円産業といわれたことはすでに何度か書いているが、それほどの盛り上がりにもかかわらず、実際に着物に袖を通した人はごくわずかだったらしい。

一方、現在の着物業界の市場規模は、当時の八分の一程度と大幅に縮小している。それにもかかわらず着物のおしゃれを楽しむ人は、あの頃の何倍にもなっているというのだ。夏祭りや花火大会、成人式、卒業式などの季節のイベント着が中心とはいえ、れっきとした民族衣装が、現代人のファッションアイテムのひとつにカウントされているのは、かなり興味深いことだと思う。

かつて飛ぶように売れた高価な着物の多くは、衣服本来の役割を奪われたまま永い時を経て、今ようやく我々のもとに戻ってきたのだ。

さて、本文にも書いたが、私自身の着物は完全にマイナスからのスタートだった。堅苦しくて面倒で、わけのわからないルールだらけで、保守の象徴みたいなイメージを長らく抱いていた。しかも、手持ちの着物を着てみれば、悲惨なほどに似合わない。ナンダコレハ？　というわけで着物の国を探訪してみることになったのだが、歴史や伝統文化、業界の成り立ち、その時代を生きた人々の営みや価値観に触れてみると、そこには予想以上にフリーダムな世界が広がっていた。

朗報のひとつは、自らカジュアルダウン宣言をすれば、着物の国はかなり歩きやすくなるということだ。

同時に見えてきたのは、なぜ着物の国がわかりにくいことだらけなのか、についてだった。その理由のひとつは、ハレの日とケの日が、絡みあったまま語られることがあまりに多すぎるからだ。洋服の世界でたとえれば、冠婚葬祭の装いと休日のレジャーファッションを同時に解説しているようなもので、いくらなんでも無理がありすぎる。

しかし、着物の国では、そうしたことがわりと普通に展開している。気軽に楽しみましょう！　という言葉を信じて足を踏み入れたところが、複雑怪奇なルールに満ちたパラレルワールドだと感じたのは、おそらくこのためだったのだ。

そういうことがわかってくると、着物に対する印象も大幅に変わってきた。

かつて着物というのは、お上品でおしとやか、シットリと落ち着いた気分になれるものだとばかり思っていた。しかし、好みの着物に袖を通してみると、やたらと元気が出たり、ワクワクしたり、笑いだしたくなったり、ときには歌ったり踊ったりしたくなって、なぜこうも躍動的な気分になるのだろう。日本の民族衣装には、脳内物質に作用する何かが含まれているのだろうか？

などということも、有史以来、日本人が衣服に多大な情熱をかたむけてきた事実を知れば、とても腑に落ちる。日本の伝統とは何か。衣服に関していえば、そのものに人を元気にする力があることを理解したうえで、季節に応じたおしゃれを実践することだったのだ。

伝統的な民族衣装は世界各地にあるものの、その多くは歴史モノの映画やドラマ、祭事や伝統舞踊のための特別なコスチュームで、現代社会のなかで今もそのまま衣服として通用するものは、かなり限られる。

そのなかで日本の着物は、どこに着ていっても概ね社会的な問題が生じない、むしろ好意的な反応を得ることもめずらしくない、世界的にもレアな存在といえるだろう。

よし、これを着て海外に行こう！

そう思ったのは、初めて自分で選んだポリエステルの着物を手にしたときだった。そのわずか数か月後の二〇二〇年三月以降、世界レベルで外出が困難な状況になるとは想像もしていなかったが、それだけに今回の〝着物の国〟の探訪は、楽しくも貴重な体験になった。

不思議と謎だらけのこの国を旅するにあたっては、多くの方の協力を得た。

アンティーク着物ショップ『着縁』オーナーの小田嶋舞さんには、マンツーマンの着付け指導を受けるとともに、独特な着物の世界への興味をかき立てる話を数多く聞くことができた。私が着物の国を探訪するきっかけをつくってくれた方であり、謎の解明やヒントにつながる情報をたくさん教えていただいた。

ＹｏｕＴｕｂｅやＳＮＳなどのインターネットから、着物が身近になる情報を積極的に発信している、着物着付け講師のすなおさんには、着物警察の撃退法をはじめ、わかりにくい着物ルールや着物業界の裏事情について、率直な意見を交えながら解説していただいた。

着物警察の撃退法を探るうえでは、竹久夢二美術館・学芸員の中川春香さんにもお世話になった。大正から戦前に至る、日本の庶民がもっともおしゃれを楽しんだ時代について、豊富な資料を交えながら教えていただいた。

明治大学教授の清水克行先生には、千三百年に及ぶ日本人の衣服に関わる法律をはじめ、着方や所作、習慣の移り変わりなどについてご教授いただいた。ご専門の室町〜戦国時代の庶民の営みをイメージできる、わかりやすい解説や資料をご提供いただいたことにより、自力では到底到達できないレベルの史実に数多く触れることができた。

あづま姿株式会社商品部・企画室室長の井上悦子さんには、着付け小物の世界について詳しいお話をうかがうことができた。ご自身が企画開発した「半衿用両面テープ」の使用方法について丁寧にご指導いただいたおかげで、今も針仕事と無縁の着物ライフをおくることができている。

たかはしきもの工房代表の髙橋和江さんには、着姿がスッキリして見える補整について教えていただいた。苦しい、太って見えるなど、これまで抱いていたネガティブなイメージが変わると同時に、驚くべき和装の底ヂカラについて知ることができた。

染匠株式会社・広報のAさんには、無料着付け教室の仕組みやビジネスモデル、広告の読み解き方、安心できる着付け教室の条件などについて徹底的に解説していただいた。同社運営の教室をはじめ、経済的な負担が少なく、好みの着物を楽しめる場所が増えることを願ってやまない。

京都国立博物館名誉館員の切畑健先生には、日本の伝統服飾の移り変わりや特徴、平安時代から伝わる日本古来の色彩や文様について、ご教授いただいた。長い歴史のなかで、日本人が衣服にかけた情熱や独自のセンスを磨いてきた事実とともに、それらを現代の着物に取り入れる方法を知ることができた。

そのほか構成の関係で残念ながらお名前を出せなかった方、友人、知人にも、数多くの情報やヒントをいただいた。

本書の取材・執筆にあたっては、集英社学芸編集部の山本智恵子さんにお世話になった。

これらすべての方に、心から感謝申し上げたい。ありがとうございました。

着物の国の探訪によって、日本の民族衣装はかなり楽しい衣服だということがわかった。だが現代社会にマッチしない要素も多く、なにしろ着物の着付けはスポーツと同じで身体で覚えるものだから、それなりにハードルも高い。

だから結論は、着るも自由、着ないも自由、なのだ。

とはいえ、この個性あふれる伝統的な衣服が、手軽に非日常を体験できるうえ、華やいだ気分になれるアイテムであることも事実だ。探訪の旅に最後までおつきあいくださった読者の方々とは、そんなことを共有できれば嬉しく思う。

二〇二〇年八月　猛暑の東京にて

片野ゆか

巻末対談

片野ゆか×きものすなお

巻末対談

「着物の国」の自由の扉が開いた！

片野ゆか×きものすなお

『着物の国のはてな』の文庫版をお手に取ってくださった方、ありがとうございます。本書の単行本が出てから早いもので丸四年。着物初心者だった私のワードローブにも、お気に入りの着物がちょっとずつ増えて、〝この組み合わせ、けっこう可愛いかも！〟と、心躍る着物コーデで非日常感を楽しんでおります。今回の文庫化にあたって、ぜひ再会してお話をうかがいたい人がいました。本書を執筆する際、大変お世話になった着物着付け講師のすなおさんです。コロナ禍を挟んで、この四年で「着物の国」はどう変わったの？　何か新しい動きはある？　着物業界は今どうなっている？　などなど、聞きたいことがいっぱい。すなおさんに見てもらいたくて、今一番のお気に入りのアンティーク着物と愛犬マドを描いた帯を引っ提げて、いざ京都へ。

着物に不動のルールはない！

片野　すなおさん、お久しぶりです。またお会いできて嬉しい。

すなお　私も嬉しいです。ゆかさんのご本で、きものすなおのことも取り上げてくださった御縁で、プライベートでもよくしていただいてありがとうございます。わあ、今日も可愛くて素敵なコーデ。ゆかさんがターコイズブルーのお着物だとお聞きしたので、私は色がぶつからないようにシンプルなものを選んでみました。

片野　お気遣い、ありがとうございます。この着物は昭和初期のもので、実家じまいするという方からいただいたものなんです。丈はぎりぎりだったけど、まだまだ、可愛く着られると思って。

すなお　めちゃくちゃ似合ってはります。愛犬帯もカワイイ！

片野　まずは、すなおさんに四年前のお礼をあらためて申し上げたいと思います。本書を書くときに、これは本当なのかどうか、どういう人や資料を当たればいいのか、すなおさんからはすごく参考になる情報をたくさんいただいて、本当に助かりました。すなおさんの着物動画サイトでも、この本の紹介をしていただいて、もう感謝しかないです。

すなお　私も嬉しくて、当時こんな本が出るよと言いまくっていたんですが、視聴者の皆さんから、「とにかく目からウロコやった」という声が多かったです。今までは着物の本というと、ちょっと難しいものが多かったけど、この本はわかりやすくて、一からゆかさんが足で情報を取っていかれる様子がそのまんま書かれていたので、知らんことがいっぱい学べたというお声が多かったのだと思います。私自身の感想もそう。たとえば、着物の衿合わせ。今は左前は死に装束と言われていますけど、飛鳥時代は逆の衿合わせやったとか、そういった事実ベースの情報源も記載されていて、これはぜひ伝えていかなあかんなとすごく使命感を持ちました。

片野　ああ、嬉しいです。私自身、この本を出した時点では、まだ着物歴が一年半とか

二年で、このひよっこはいったい何を書いているんだみたいな目線も多分あったと思うんです。でも私自身はやっぱり初心者ならではの疑問に徹底的にこだわった。一応ノンフィクションを書いて四半世紀以上経っているので、調べ物とか、どこにどういう取材をすればいいかなどの今までの経験を組み合わせると、いろんな面白いことがわかるんじゃないかなと思って取材をはじめました。そうしたら、私が想像している以上に面白い事実がどんどん出てきて、これをみんなで共有したら、もっともっと着物を自由に着られるんじゃないかと思った。根拠なく自由に着ましょうと言っても、やっぱりみんな怖いですよね。そこを何とか切り開きたい。そこで専門の先生に取材してみると、いや、これは不動のルールではない、今すなおさんの言った衿合わせも、歴史的には自由だった時代があるとか、いろんなことが判明したんです。そういったことがわかると、みんな根拠を持って自由にしていいんだなと自信が持てますからね。

すなお　たしかに着物の国の自由の扉が開いたような気がします。

片野　そう言っていただけると本当に嬉しいです。

すなお　着物をはじめるのと同時にこの本を手に取った人は、すごいラッキーだと思います。最初からルールにがんじがらめになって、着物ってちょっと怖いかも、難しいかもと萎縮して入るのと、結構自由でいいんや、歴史たどったら、常識もコロコロ変わっているんやなと認識してから入るのとでは、大きな大きな違いがあると思うんですよ。

コロナ禍で着物お洒落さんが増えた!

片野　ありがとうございます。ところで、私がこの本を出したのが二〇二〇年。まさにコロナのパンデミックがはじまった年なんですが、コロナ禍の前と後って、すなおさんは着物の国の事情に変化があったと感じます?

すなお　めちゃくちゃ感じます。特に着物業界はコロナでがらっと変わったことが多いなと感じています。その最たるものがオンラインの登場です。その頃は、着物に限らず、おうちで学ぶみたいなことがけっこう流行ったじゃないですか。家で何か新しい語学を学ぶ人とか、ヨガを練習する人とかいろんな人がいたと思うんですけど、そのひとつに着物があって。コロナ禍で家にいるときに練習して身についたという人がすごく多いです。さらにオンラインの交流で、着物のお友達も増えたという。

片野　ある意味いいきっかけになった。私もそんな気がしていたんですよ。私が着物を着はじめた二〇一八年、一九年ぐらいって、街中で着物を着ている人はもっと少なかったし、正直言って、リアルで会う方の着物コーデで素敵だなと思うことも限られていた(笑)。当時私が憧れる、ああ、こんなふうに着たいなと思う方は、インスタなどSNSの中にしかいなくて、なかなかリアルでそういう方にお会いできなかったんですね。で

も今、すなおさんがおっしゃったように、オンラインで学んだり、家で着付けの練習をしたりという人が増えたからだと思うんですけど、二〇二〇年の終わりから二一年の初めぐらいにかけて、おや、お洒落な着物の人が増えたなってすごい実感してたんです。

すなお　へえ。出版後ですよね。

片野　出版後です。コロナで一時、ステイホームでどこにも出かけるな、とかありましたけど、その後ちょいちょい皆さんお出かけをするようになって、でもまた外出自粛が呼びかけられて、というその狭間《はざま》の時期に、こんなかっこいい着物を着ている人がいるんだという発見がいくつもありました。私、（帯に描かれている愛犬マドを指さして）この子を連れて朝散歩しているんですけど（すなおさんの「カワイイ！」の声）、週末に、すごいかっこいい着物を着た三十代なかばぐらいのお姉さんと月に一、二回すれ違うんです。それが楽しみで。

すなお　けっこうコロナを境に、自由度も上がった気がしませんか。和洋折衷のコーディネートとか、どんどん増えてる気がするし。

片野　冬はブーツ履いたりとかね。真夏の暑いときは、素足にスポーツサンダル、厚底サンダルを合わせているのもよく見かけます。

すなお　あれ、可愛いです。

片野　可愛いですよね。背が高く見えるから、かえってかっこよくて、厚底いいなと。

すなお　厚底と相性いいですよね。

片野　パンデミックは大変なことでしたけど、でも実はいいこともあったなと、着物の世界では感じています。もっともっと気軽に楽しむ人が増えるといいな。

着物は着てなんぼのもの

すなお　私、着物をはじめたのが十九歳のときで、その頃まわりは誰一人として着てなかったんですよ。ただただ好きだったので、ワードローブのひとつにしはじめたんですが、そのときからの私の信条が、着物は着てなんぼ。しまっておいたら意味がないというのが心の奥底にある。なので、多少汚れようが別にいいやんって。絶対着たほうが価値があるから。着物を気軽に着るためには、まず、もったいないとか、汚れたらどうしようみたいな意識からの脱却かなと思うんです。

片野　たしかにね。着物を着ていると、自分は気にしなくても、汚れたら大変だからとまわりの人が気を遣いますよね。いやいや、そんないいですよ、ざっくばらんにいきましょうよみたいな、そういうのがもうちょっとお互いにあるといいなと思う。

すなお　そのためには、着物ってそんな高価なものばかりでなく、今は洗えるんやでとか、そういうのを伝えていくことも必要ですよね。

片野　ひと昔前の着物の価値観を持っている人には、洗える着物は一段二段落ちるみたいな風潮がすごくありましたよね。でも、それはかえって着物を箪笥に閉じ込めてしまうひとつの要因になると思う。夏もそうですが、冬でも着物で歩いていると汗だくになったりしますから、洗える着物最高。清潔一番ですよね。

すなお　もうひとつ物理的な側面で言うと、着物を着るのに必要最小限のものだけをまずは揃えて、それを出しやすいところに置くことがけっこう大事なポイントかなと。

片野　私もそれはすっごい思います。やっぱり洋服とくらべると着物ってアイテムが多いんですよ。毎回毎回ちゃんと畳んでしまい込むと、あんなに頑張ってしまったからもう出したくないとか、この苦労が水の泡になるとか（笑）。それが、よくないなと思って。

すなお ゆかさんはどのように保管されているんですか？

片野 着物だけは畳んでます。でも小物の腰紐とか帯枕とか伊達締めとか、細々した長いものは、全部ハンガーにざーっと引っかけて、見える化してるんです。さあ、着ようと思ったらその専用ハンガーを目の前にかけるだけ。そこからするするって……。

すなお ああ、本の中でも書いていらした、ゆかさんの時短術。それなら面倒感なく気軽に着ようと思いますよね。見える化は大事。着物でも、自分は何持ってたっけとなりがちなんですよ。そうなるとあれとあれを組み合わせてとか、洋服でふだんやっているようなことができないから、どうしても箪笥に眠らせがちになる。なので、選抜選手は見えるところに置いておく。そうすると練習もやろうという気になり、重い腰が上がりやすいですよね。

片野 私、半衿をいろいろ変えるのが大好きなんですけど、気に入った布を生地屋さんで買ってきてたくさん揃えると、自分が何を持っているかわからなくなるんですよ。それをよく百円ショップで売っている透明の書類ケースに入れて整理したら、自分が何色のどんな柄を持っているか、レースは何色があるかとか、すぐ見えるので、便利だし、チョイスしやすくなりましたよ。

すなお すごい。工夫がいっぱいですね。

着物警察の圧はさらりとかわして

片野　この本は、もっと着物を自由に気軽に着てみようよという思いを込めて書いたんですけど、重圧など感じなくてもいいと言っても、やはり着物は昔からあるものなので、本当はこうなんだよと言ってくる着物警察的な存在もあって、その圧を跳ね返すのがけっこうしんどいという心理的側面もあると思うんです。

すなお　何にも知らずに指摘されたらパニックになりますよね。うわ、やってしまったって思ったりするじゃないですか。でも知ってて、あえてやっているなら、いや、こうでねってちゃんと根拠を言えると思うので、知ることがまず大事。そういう意味で、ゆかさんの本は自由に着物を楽しむお洒落のバイブルやと思います（笑）。

片野　嬉しいです。結局今、私たちをがんじがらめにしている着物ルールは、戦後の着物業界が高級路線に転換して、そこで定着していったルール。その前の戦前当時の絵とか見ると、イヤリングや首飾りとかしているんですよ。指輪もバッグも洋風なものがあったりとか、和洋折衷は大正の終わりから昭和十年代まで、すごく流行っていたんですよ。ただ、ＴＰＯもあるので、何でも自由にしていいということはないですよね。すなおさんが基準にしていることってありますか？

すなお　私の考えでは、誰が主役である場かどうかというのが基準なんです。たとえば、お茶席に招かれたときとか、結婚式のゲストとかって主役がいはるでしょう。そういう時は、その人に敬意を表わすためにその場のルールは守ったほうがいい。だけど、気軽にお友達と遊びに行ったり、コンサートに行くときには、思いきって大胆な格好をしてもいいと思いますし、訪問着に半幅帯とか、格が全然ルールにのっとってなくても、ファッションとして楽しむならいいんじゃないかなという考え方です。

片野　着物の格というのも、すなおさんが今おっしゃったみたいに、フォーマルな席ではある意味便利なものですよね。それをやっていれば間違いないし、失礼にならない。でも着物の格というもの自体、呉服業界がビジネスとしてつくりあげたものなので、決して不動のルールというわけではないと知ることで、あ、じゃあそれは分けて考えようとか、これにはこのルールでいこうとか、自分で選択できますよね。それができると着物を着るのが楽になる。ワードローブのひとつになるポイントかなと思います。

すなお　やっぱり「知る」は大事。知って自分でチョイスする、ですね。

着物の着方に正解はない

片野　すなおさんのＹｏｕＴｕｂｅの着物チャンネルの人気、すごいですね。登録者数が三十五万人超えとか。インスタも十三万人超えで。私、すごくフォロワーの人たちの気持ちがわかるんです。だって、めちゃくちゃわかりやすいし、簡潔。今日も、このお太鼓を締めるのに、あれどうするんだっけと、すなおさんのYouTubeを見て参考にさせていただきました。着付けってすごく動画と相性いいですよね。

すなお　いいです。最初の頃は帯の結び方や帯締めのやり方も、正面から撮っていたんですが、みんな上から見下ろしてるわけやから、上からの目線じゃないとわかりにくいよねというので、最近は自分の目の位置から撮るように心がけているんですよ。

片野　その発想はさすがだと思いました。たしかに自分で結ぶときの視点だから、

あ、このぐらい締めているんだというのが初めてわかりました。正面から見ていたら、どのぐらい締めているのか加減がわかりにくいですよね。

すなお コロナ禍のあいだにネットでの交流で培った着物のお洒落パワーが、今ばーっと爆発するように広がっている感じがします。ブラウスインしたりとか、本当に自由にいろんな着こなしをされている。そういう方が増えて市民権を得てきたと感じています。

片野 この波がもっと広がってほしいので、すなおさんに期待します。

すなお いえいえ。ただ、私はプロを育てるために着付けの教室をやっているんですが、ひとつの軸として、着付けに正解はないと思っています。江戸時代はお引きずりだったとか、ゆったり着ていた時代もあるし、今のこれも決して正解ではない。一人一人着付けの正解は違っていていいと思っているんです。だから、レッスンでお伝えはするけど、それはあくまでその人の悩みを解消するために言っているだけで、こうしなければならないというのは絶対言わへんようにしています。

片野 素晴らしい。正解がないぶん、自分に合うものは何かを探求するのが楽しいんです。

すなお そうそう、私もそこが好きなんです。それではまっちゃった（笑）。

片野 私、やっと着物が消費者のものになったなと思うんですよ。今までは消費者の簞笥の中にあっても、呉服屋さんのものだった気がする。自分が主役の着物お洒落文化は、今ここから始まっているなと思っているんです。その中で今、すなおさんが、箪笥に眠っていた日本中の着物を世に出して活用するという、素晴らしいプロジェクトを進めていますよね。ぜひそのお話を聞きたい。

すなお　嬉しいです。日本には八兆円規模の着物が眠っていると言われているんですが、それを出していただいて、職人さんに直してもらって、新しく復活させて、新しい方の元に届けるというのをやっています。ゆくゆくは箪笥の着物だけじゃなくて、一からつくり出すというのもやっていきたいと思っているんです。

片野　それ、すごいですね。友人のご両親とか、最近は広い一軒家から便利なマンションに引っ越すために、荷物を減らす人が増えているんですよ。そういうところから、着物をもらいにきてくれない？　という声が時々かかります。でも、うちも置き場所がもう限界で、本当に一部しかいただけない。今日着ているこの着物も友人のおばあさまが若いときに着ていた戦前のもので、当時朝鮮半島にいらして、終戦になって引揚げのときに相当な苦労の中で持ち帰ったものらしいんです。裏はちゃんと直してあって、八掛がピンクですごく可愛い。七十年、八十年前の着物でも、ちょっとお直しすればちゃんと活躍させられる。すなおさんにこういう可愛いものを復活させてもらえたら、すごく嬉しいです。

すなお　はい、復活させます。ほかにも着物離れの要因やトラウマがいくつもありますよね。自分で着られない。ハードルが高い。値段が高い。着る機会がないとか。皆さん、いつ着ていくねん、パーティーっていつやねんと、めちゃめちゃ言わはりますよね。

片野　たしかに（笑）。パーティーっていつ、どこにって。

すなお　これを全部解決すれば、絶対着物ってもっとみんなの身近になるやろなと思って、ＹｏｕＴｕｂｅやったり、着付けのプロを育成したり、サークル、コミュニティーをつくったり。学生支援というボランティアもやって、トラウマをなくそうと頑張ってます。

片野　わあ、すなおさん、本当にすごい。頼もしい。みんなが共有できるようになるための着物文化の発信は、今やらないと後はないという、すなおさんの熱意に深く共感します。私も微力ながらお手伝いさせていただきます。ビールを飲みながら策を練りましょう（笑）。

二〇二四年八月五日　京都にて

構成／宮内千和子
写真／大島拓也

【参考文献】

『日本の女性風俗史』　切畑健編　紫紅社文庫
『カメラが撮らえた幕末三〇〇藩　藩主とお姫様』「歴史読本」編集部編　新人物文庫　KADOKAWA
『昭和のキモノ』　小泉和子編　河出書房新社
『着付師一代　きもの語り』　根津昌平著、岡田喜一郎／聞き書き　河出書房新社
『英国人写真家の見た明治日本』　ハーバート・G・ポンティング著、長岡祥三訳　講談社学術文庫
『アンティーク着物万華鏡　大正〜昭和の乙女に学ぶ着こなし』　岩田ちえ子／スタイリング、中村圭子・中川春香編著　河出書房新社
『谷崎潤一郎文学の着物を見る　耽美・華麗・悪魔主義』　大野らふ・中村圭子編著　河出書房新社
『きもの文化と日本』　伊藤元重・矢嶋孝敏著　日経プレミアシリーズ
『文豪のきもの』　近藤富枝著　河出文庫
『あたらしい着物の教科書　もっと身近に、大人の和装スタイル』　木下着物研究所・木下勝博・木下紅子著　日本文芸社
『着物憑き』　加門七海著　集英社
『大原御幸　帯に生きた家族の物語』　林真理子著　講談社文庫
『きものは、からだにとてもいい』　三砂ちづる著　講談社＋α文庫
『明日もやっぱりきものを着よう』　寺内順子著　日本機関紙出版センター
『正倉院文書の世界　よみがえる天平の時代』　丸山裕美子著　中公新書
『時代劇と風俗考証　やさしい有職故実入門』　二木謙一著　吉川弘文館
『切腹　日本人の責任の取り方』　山本博文著　光文社新書
『中世の女の一生』　保立道久著　洋泉社

『魏志倭人伝の考古学』　佐原真著　岩波現代文庫
『苧麻・絹・木綿の社会史』　永原慶二著　吉川弘文館
『琉球布紀行』　澤地久枝著　新潮文庫
『視覚芸術の比較文化』（大手前大学比較文化研究業書２）　武田恒夫・辻成史・松村昌家編　思文閣出版
『母のタンス、娘のセンス　一色采子のきものスタイルＢＯＯＫ』　一色采子著　世界文化社
『お着物一年生』　山口さくら著　ユーキャン（自由国民社）
『召しませキモノ』　スタジオクゥ・ひよさ＆うにさ著　イースト・プレス
『きもの番長　ことはじめ』　松田恵美著　祥伝社
『へうげもの』1〜10　山田芳裕著　モーニングコミックス　講談社
『恋せよキモノ乙女』1〜5　山崎零著　バンチコミックス　新潮社
『鬼滅の刃』1〜2　吾峠呼世晴著　ジャンプコミックス　集英社
『ほっそり見える！素敵な大人の半幅帯』　オハラリエコ監修　世界文化社
『おとなの半幅帯結び　スタイルブック』　弓岡勝美監修　世界文化社
『芸術新潮　特集きものみち』　２０２０年5月号　新潮社
『ＫＩＭＯＮＯ姫』12　キモノ・スタイル・ブック編　祥伝社
『七緒』２０１９年冬号　プレジデントムック
『美しいキモノ』２０２０年夏号　ハースト婦人画報社
『きものＳａｌｏｎ』２０２０年春夏号　世界文化社
『いろはにキモノ』　美しいキモノ臨時増刊号　ハースト婦人画報社
『人気の悉皆屋女将に教わる　初めてのリサイクル着物　選び方＆お手入れお直し』　髙橋和江監修　世界文化社
『「たかはしきもの工房」髙橋和江さんの十人十色の「補整」術』　手ほどき七緒　プレジデントムック

本書は、二〇二〇年九月、集英社より刊行されました。

〔初出〕
集英社オンラインメディア「ＯｕｒＡｇｅ」二〇二〇年四月〜九月

本文イラスト　田尻真弓
本文デザイン　清水佳子（smz'）

片野ゆかの本

平成犬バカ編集部

犬バカ魂が高じて日本犬専門雑誌を立ち上げた編集者の奮闘。その熱量に引き寄せられた人々、そして人間たちに多くの力を与えてくれた、かわいい犬たちの軌跡と奇跡！

集英社文庫　目録（日本文学）

乙一　荒木飛呂彦・原作　The Book jojo's bizarre adventure 4th another day
乙一　箱庭図書館
乙一　僕のつくった怪物 Arknoah 1
乙一　ドラゴンファイア Arknoah 2
乙一　一ノ瀬ユウナが浮いている
乙一　loundraw・原案　サマーゴースト
乙川優三郎　武家用心集
小野一光　震災風俗嬢
小野正嗣　残された者たち
恩田陸　光の帝国 常野物語
恩田陸　ネバーランド
恩田陸　ねじの回転 FEBRUARY MOMENT (上)(下)
恩田陸　蒲公英《たんぽぽ》草紙 常野物語
恩田陸　エンド・ゲーム 常野物語
恩田陸　蛇行する川のほとり
恩田陸　スキマワラシ

開高健　オーパ！
開高健　風に訊け
開高健　オーパ、オーパ!! アラスカ・カナダ カリフォルニア篇
開高健　オーパ、オーパ!! アラスカ至上篇 コスタリカ篇
開高健　オーパ、オーパ!! モンゴル・中国篇 スリランカ篇
開高健　知的な痴的な教養講座
開高健　風に訊け ザ・ラスト
開高健　青い月曜日
開高健　流亡記／歩く影たち
海道龍一朗　華、散りゆけど 真田幸村 連戦記
海道龍一朗　早雲立志伝
加賀乙彦　津村節子　愛する伴侶《ひと》を失って
垣根涼介　月は怒らない
柿木奈子　さいはてにて やさしい香りと待ちながら
角田光代　みどりの月
角田光代　佐内正史　だれかのことを強く思ってみたかった

角田光代　マザコン
角田光代　三月の招待状
角田光代　松尾たいこ　なくしたものたちの国
角田光代他　チーズと塩と豆と
角幡唯介　空白の五マイル チベット、世界最大のツアンポー峡谷に挑む
角幡唯介　雪男は向こうからやって来た
角幡唯介　アグルーカの行方 129人全員死亡、フランクリン隊が見た北極
角幡唯介　旅人の表現術
梶よう子　柿のへた 御薬園同心 水上草介
梶よう子　お伊勢ものがたり 親子三代道中記
梶よう子　桃のひこばえ 御薬園同心 水上草介
梶よう子　花しぐれ 御薬園同心 水上草介
梶よう子　本日も晴天なり 鉄砲同心つつじ暦
梶井基次郎　檸檬
梶山季之　赤いダイヤ(上)(下)
片野ゆか　ポチのひみつ

集英社文庫　目録（日本文学）

片野ゆか　ゼ　ロ　！　熊本市動物愛護センター10年の闘い
片野ゆか　動物翻訳家　心の声をキャッチする、飼育員のリアルストーリー
片野ゆか　平成犬バカ編集部
片野ゆか　着物の国のはてな
かたやま和華　猫の手、貸します　猫の手屋繁盛記
かたやま和華　化け猫、まかり通る　猫の手屋繁盛記
かたやま和華　大あくびして、猫の恋　猫の手屋繁盛記
かたやま和華　されど、化け猫は踊る　猫の手屋繁盛記
かたやま和華　笑う猫には、福来《きた》る　猫の手屋繁盛記
かたやま和華　ご存じ、白猫ざむらい　猫の手屋繁盛記
加藤　元　四百三十円の神様
加藤　元　本日はどうされました？
加藤　元　ごめん。
加藤　元　嫁の遺言
加藤　元　金猫座の男たち
加藤　元　彼女たちはヤバい

加藤千恵　今夜はコの字で　完全版　加藤ジャンプ・原作／文　土山しげる・画
加藤千恵　ハニー　ビター　ハニー
加藤千恵　さよならの余熱
加藤千恵　ハッピー☆アイスクリーム
加藤千恵　あとは泣くだけ
加藤千穂美　エ　ン　キ　リ　おひとりさま京子の事件帖
加藤友朗　移植病棟24時
加藤友朗　赤ちゃんを救え！　移植病棟24時
加藤友朗　「NO」から始めない生き方　先端医療で働く外科医の発想
加藤実秋　インディゴの夜
加藤実秋　チョコレートビースト　インディゴの夜
加藤実秋　ホワイトクロウ　インディゴの夜
加藤実秋　Dカラーバケーション　インディゴの夜
加藤実秋　ブラックスローン　インディゴの夜
加藤実秋　ロケットスカイ　インディゴの夜
加藤実秋　学園《スクール》王国《キングダム》　インディゴの夜

加藤実秋　渋谷スクランブルデイズ　インディゴ・イヴ
金井美恵子　恋愛太平記1・2
金子光晴　女たちへのいたみうた　金子光晴詩集
金原ひとみ　蛇にピアス
金原ひとみ　アッシュベイビー
金原ひとみ　AMEBICアミービック
金原ひとみ　オートフィクション
金原ひとみ　星へ落ちる
金原ひとみ　持たざる者
金原ひとみ　アタラクシア
金原ひとみ　パリの砂漠、東京の蜃気楼
金平茂紀　ロシアより愛をこめて　あれから30年の絶望と希望
加野厚志　龍馬暗殺者伝
加納朋子　月曜日の水玉模様
加納朋子　沙羅《さら》は和子《わこ》の名を呼ぶ
上遠野浩平　恥知らずのパープルヘイズ　―ジョジョの奇妙な冒険より―　荒木飛呂彦・原作

集英社文庫

着物《きもの》の国《くに》のはてな

2024年10月25日　第１刷　　定価はカバーに表示してあります。

著　者　片野《かたの》ゆか

発行者　樋口尚也

発行所　株式会社 集英社
東京都千代田区一ツ橋2-5-10　〒101-8050
電話　【編集部】03-3230-6095
【読者係】03-3230-6080
【販売部】03-3230-6393（書店専用）

印　刷　中央精版印刷株式会社　株式会社美松堂

製　本　中央精版印刷株式会社

フォーマットデザイン　アリヤマデザインストア　　マークデザイン　居山浩二

ISBN978-4-08-744708-8 C0195